粤港澳大湾区背景下的STEAM课例研究

蓝上渊　贝丽妍 ◎ 主编

辽宁大学出版社
Liaoning University Press

图书在版编目（CIP）数据

粤港澳大湾区背景下的 STEAM 课例研究/蓝上渊，贝丽妍主编. —沈阳：辽宁大学出版社，2021.11
（名师名校名校长书系）
ISBN 978-7-5698-0507-9

Ⅰ.①粤…　Ⅱ.①蓝…②贝…　Ⅲ.①活动课程－教学研究　Ⅳ.①G423

中国版本图书馆 CIP 数据核字（2021）第 175423 号

粤港澳大湾区背景下的 STEAM 课例研究
YUEGANG'AO DAWANQU BEIJING XIA DE STEAM KELI YANJIU

出 版 者：辽宁大学出版社有限责任公司
　　　　　（地址：沈阳市皇姑区崇山中路 66 号　　邮政编码：110036）
印 刷 者：北京米乐印刷有限公司
发 行 者：辽宁大学出版社有限责任公司
幅面尺寸：170mm×240mm
印　　张：13.25
字　　数：260 千字
出版时间：2022 年 4 月第 1 版
印刷时间：2022 年 4 月第 1 次印刷
责任编辑：李珊珊
封面设计：徐澄玥
责任校对：于盈盈

书　　号：ISBN 978-7-5698-0507-9
定　　价：45.00 元

联系电话：024-86864613
邮购热线：024-86830665
网　　址：http://press.lnu.edu.cn
电子邮件：lnupress@vip.163.com

编 委 会

目录

物理

生物

计算机

摄影

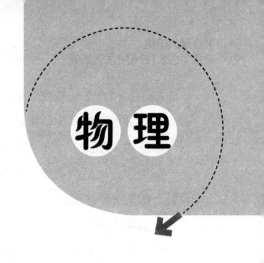

物 理

水动力车

一、课程背景

本项目是一个拓展性项目，主要以力学及功和能的知识为主，要求学生在学习人教版《物理》八年级下册第八章第3节《摩擦力》和第十一章第3节《动能和势能》的内容之后，通过查阅资料，运用机械能相互转化的知识设计制作一个简易的水动力车。

二、学习目标

1. 科学（S）

（1）掌握机械能及其转化的知识。

（2）掌握质量和重力的关系。

（3）知道影响摩擦力的因素及减小摩擦力的方法。

2. 技术（T）

（1）如何将车轴和轮子固定好？

（2）如何将储水瓶和叶片摆放好？

（3）如何将叶片和车轴连接好？

3. 工程（E）

（1）如何利于光盘或瓶盖剪成轮子形状？

（2）如何将车轴和四个轮子连接成整体，保持平稳？

（3）如何设计车的整体重心及储水瓶的位置，以保证车平稳运动？

4. 艺术（A）

如何设计出造型美观又具备较好使用性能的水动力车？可通过自己的想象设计车的造型和涂鸦。

5. 数学（M）

设计和量取相应尺寸的汽车轮子的直径、车轴、叶片，使其恰好能组成一个整体。通过计算车的储水瓶的容积和质量，估计出摩擦力的大小并估算车的续航里程。

三、学习时长

建议3课时。

四、学习内容

1. 任务驱动

通过查阅相关资料，了解水动力车的原理和构造，认识水动力车的动力来自哪里，主要的构造是什么，如何让水动力车续航更远。

你了解水动力车的工作原理吗？你能制作一个简易的水动力车吗？

任务：设计、制作一个水动力车。

要制作这样的简易水动力车，我们首先要思考和解决的问题有：

（1）水动力车的工作原理是什么？

（2）制作简易水动力车需要什么材料？如何设计、制作一个可以正常使用的水动力车？

2. 支架学习

阅读（资料）：

（1）机械能及其转化。

动能、重力势能和弹性势能统称为机械能（mechanical energy）。一个物体可以既有动能，又有势能，如飞行中的飞机因为在运动而具有动能，又因为处于高空而具有重力势能，把这两种能量加在一起，就得到了它的总机械能。一个物体从高处下落，物体的重力势能转化成了它的动能；弯弓射箭时，弓的弹性势能转化成箭的动能；蹦床运动员从高处落下，在与蹦床面将要接触时，具有一定的动能，与蹦床面接触后，床面发生弹性形变，运动员的动能转化成蹦床的弹性势能。可见，动能和势能可以相互转化。地球上，海水潮起潮落，江河日夜奔腾；有时微风拂面，有时狂风劲吹。从能量的角度来看，自然界的流水和风都是具有大量机械能的天然资源。我们的祖先很早就开始利用水能和风能了；让水流冲击水轮转动，用来汲水、磨粉；船靠风力鼓动风帆来推动其航行。到19世纪，人类开始利用水能发电。

（2）影响摩擦力的因素及减小摩擦力的方法。

在古代，人们就已经发现用滚动代替滑动可以大大减小摩擦。现在许多机器的转动部分都安装了滚动轴承。滚动轴承的内圈紧套在轴上，外圈固定在轮上，两圈之间装着许多光滑的钢球，轮子转动时带动外圈转动，钢球在内外圈之间滚动，摩擦就大大减小了。自行车的前后轮都是安装在滚动轴上的，你看见过它的结构吗？使两个互相接触的表面隔开，也能减小摩擦。例如，给门轴上的合页加润滑油可以在两个表面之间形成油膜，使它们互不接触，这样就减小了摩擦。气垫船利用压缩空气使船体与水面脱离接触，可以大大减小摩擦。

讨论：（略）

3. 设计制作

设计一个水动力车（模型，下同）。

（1）选择合适的器材。

剪刀、光盘、塑料瓶、大瓶盖、小瓶盖、小铁丝、竹筷、尺子、油性笔、手机（或平板电脑）。

（2）设计制作方案。

根据你选取的器材，设计一个水动力车制作方案，并将具体的操作步骤写下来。

制作步骤：

_____

_____

（3）制作。

根据设计的方案，制作一个简易水动力车装置。

4. 测试评价

（1）测试。

实践应用，检测水动力车航行的距离。

（2）评价。

①展示交流你们制作的水动力车装置。

②根据表1的评价标准进行评价，比一比哪组制作得更好。

表1

要素 \ 等级	A	B	C
效果性（6分）	能平稳运动，距离远（6分）	较平稳运动，距离较远（3分）	无法运动（0分）
稳定性（2分）	装置稳固（2分）	装置轻微晃动（1分）	装置极易倾倒（0分）
美观性（2分）	美观（2分）	较美观（1分）	不美观（0分）

③将产品的优点和不足记录下来。

5. 优化拓展

（1）优化。

根据制作心得，谈谈你的看法，分享你的经验，说一说如何改进你的水动力车装置，使其更美观，航行距离更远。

（2）拓展。

新能源汽车

新能源汽车是指采用非常规的车用燃料作为动力来源（或使用常规的车用燃料，采用新型车载动力装置），综合车辆的动力控制和驱动方面的先进技术，形成的技术原理先进，具有新技术、新结构的汽车。

新能源汽车包括四大类型：混合动力电动汽车（HEV）、纯电动汽车（BEV，包括太阳能汽车）、燃料电池电动汽车（FCEV）、其他新能源（如超级电容器、飞轮等高效储能器）汽车等。非常规的车用燃料指除汽油、柴油之外的燃料。

2020年11月，国务院办公厅印发《新能源汽车产业发展规划（2021—2035年）》，要求深入实施发展新能源汽车国家战略，推动中国新能源汽车产业高质量、可持续发展，加快建设汽车强国的步伐。

五、课外阅读

新能源汽车前景

在人类历史长河中，已经经历了两次交通能源动力系统变革，给人类的生产和生活带来了巨大变化，也成就了先导国或地区的经济腾飞。第一次变革发生在18世纪60年代，以蒸汽机技术诞生为主要标志，开创了人类的工业经济和工业文明，从而引发了欧洲工业革命，使欧洲各国成为当时的世界经济强国。

第二次变革发生在19世纪70年代，石油和内燃机替代了煤和蒸汽机，使世界经济结构由轻工业主导向重工业主导转变，同时促成了美国的经济腾飞，并把人类带入了基于石油的经济体系与物质繁荣。

今天，人类再次来到了交通能源动力系统变革的十字路口，第三次变革将以电力和动力电池（包括燃料电池）替代石油和内燃机，将人类带入清洁能源时代。我们可以大胆预测，第三次交通能源动力系统的变革将带动亚洲经济的腾飞，使亚洲取代美国成为世界经济的发动机。

在能源和环保的压力下，新能源汽车无疑将成为未来汽车的发展方向。如果新能源汽车得到快速发展，以2020年中国汽车保有量1.4亿辆计算，可以节约石油3229万吨，替代石油3110万吨，节约和替代石油共6339万吨，相当于将汽车用油需求削减22.7%。2020年以前节约和替代石油主要依靠发展先进柴油车、混合动力汽车等实现。到2030年，新能源汽车的发展将节约石油7306万吨、替代石油9100万吨，节约和替代石油共16406万吨，相当于将汽车石油需求削减41%。届时，生物燃料、燃料电池在汽车石油替代中将发挥重要的作用。

结合中国的能源资源状况和国际汽车技术的发展趋势，预计到2025年后，中国普通汽油车占乘用车的保有量将为50%左右，而先进柴油车、燃气汽车、生物燃料汽车等新能源汽车将迅猛发展。

潜望镜

一、课程背景

本项目是以光学知识为基础，结合一定的力学知识设计制作的项目，要求学生在学习人教版《物理》八年级上册第四章第二节《光的反射》和第3节《平面镜成像》的内容之后，通过查阅资料运用光学和力学的知识分析和设计制作一个简易的潜望镜。

二、学习目标

1. 科学（S）

（1）掌握光的反射定律。

（2）知道平面镜成像的特点。

（3）了解平面镜成像的原理，知道重力方向是竖直向下的。

2. 技术（T）

（1）如何折叠和剪切卡纸，将平面镜安装与固定好？

（2）如何将平面镜固定在长方体框中，如何进行平面镜位置和角度的摆放？

3. 工程（E）

（1）如何利用卡纸设计"Z"字形长方体盒子？

（2）如何将平面镜放在盒子中，并连接盒子成90°，使目镜和镜头保持整体稳定性？

4. 艺术（A）

如何设计出造型美观又具备实用性的潜望镜？

5. 数学（M）

设计和量取相应的尺寸和角度，使其恰好形成一个"Z"字形。计算反射角度，知道如何使入射光线和反射光线垂直，量取对应角度和设计平面镜摆放的位置。

三、学习时长

建议1～2课时。

四、学习内容

1. 任务驱动

了解生活和军事中潜望镜的应用，观看介绍潜望镜的视频，查阅相关资料，了解潜望镜的原理和构造。潜望镜是指从海面下伸出海面或从低洼坑道伸出地面，用以窥探海面或地面上活动的装置。它的构造与普通地上望远镜相同，唯另加两个反射镜使物光经两次反射而折向眼中。潜望镜常用于潜水艇、坑道和坦克内，用于观察敌情。

你了解潜望镜装置的工作原理吗？你能制作一个简易的潜望镜装置吗？

任务：设计、制作一个潜望镜装置。

要制作这样的简易潜望镜装置，我们首先要思考和解决的问题有：

（1）潜望镜装置的工作原理是什么？

（2）制作简易潜望镜装置需要什么材料？如何设计、制作一个可以正常使用的潜望镜装置？

2. 支架学习

阅读（资料）：

（1）光的反射定律。

物理学中把经过入射点O并垂直于反射面的直线ON叫作法线，入射光线与法线的夹角i叫作入射角，反射光线与法线的夹角r叫作反射角（图1）。可以归纳出如下定律：在反射现象中，反射光线和法线都在同一平面内；反射光线、入射光线分别位于法线两侧；反射角等于入射角。这就是反射定律。

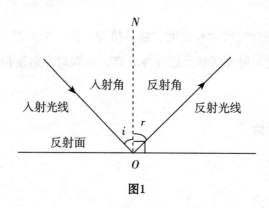

图1

（2）平面镜成像的特点。

平面镜所成的像的大小与物体的大小相等，像和物体到平面镜的距离相等，像和物体的连线与镜面垂直。根据数学课中有关对称的知识，平面镜成像的规律也可以表述为平面镜所成的像与物体关于镜面对称。

（3）潜望镜光路图及设计图如图2所示。

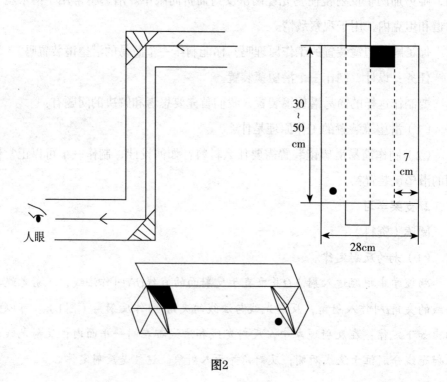

图2

讨论：（略）

3. 设计制作

设计一个潜望镜装置（模型，下同）。

（1）选择合适的器材。

剪刀、卡纸、尺子、油性笔、透明胶、手机（或平板电脑）、双面胶。

（2）设计制作方案。

根据你选取的器材，设计一个潜望镜制作方案，并将具体的操作步骤写下来。

制作步骤：

_____

_____

_____

（3）制作。

根据设计的方案，制作一个简易的潜望镜装置。

4. 测试评价

（1）测试。

实践应用，用潜望镜观看物体效果如何。

（2）评价。

① 展示交流你们制作的潜望镜装置。

② 根据表2的评价标准进行评价，比一比哪组制作得更好。

表2

等级 要素	A	B	C
效果性（6分）	能看到清晰的、正立的物体（6分）	物体倾斜，但仍能看到（3分）	观看效果不佳（0分）
稳定性（2分）	装置稳固（2分）	装置容易轻微晃动（1分）	装置极易倾倒（0分）
美观性（2分）	美观（2分）	较美观（1分）	不美观（0分）

③ 将产品的优点和不足记录下来。

5. 优化拓展

（1）优化。

根据制作心得，谈谈你的看法，分享你的经验，说一说如何改进你的潜望镜装置，使其更符合模型制作的要求，观看效果更佳。

（2）拓展。

潜望镜的发明

世界上最早记载潜望镜原理的古书是公元前2世纪中国的《淮南万毕术》。书中记载了这样的一段话："取大镜高悬，置水盆于其下，则见四邻矣。"现代潜艇潜望镜是在20世纪初发明的。

1906年，德国海军建成第一艘潜艇时已使用了相当完善的光学潜望镜，其由物镜、转像系统和目镜等组成。

观察潜望镜有一个可配合潜望镜升降杆运动的座位和踏板，主要用于潜艇上浮之前的海空观察和航向确认。而攻击潜望镜主要用于敌情观察、目标测距和攻击方位角度计算。同时，观察潜望镜在夜间观测能力上比观察望远镜也更胜一筹。

五、课外阅读

潜望镜成像系统

1906年，潜望镜的潜望力在5~7m，观察距离很近，视场狭窄，图像质量也很差，而且夜间无法使用。传统潜望镜的主要功能包括观察水面的舰船、对空观察飞机、估算被攻击目标的距离、将其方位和距离提供给火控系统、在潜没状态下实施地标导航或天文导航等。

现代潜望镜制造商应用微光夜视、红外热成像、激光测距、计算机、自动控制、隐身等光电技术的最新成果，开发出新一代光电潜望镜。以2003年德国研制的最新一款SERO400型潜望镜为例，其主要技术性能包括：俯仰范围−15°～+60°，1.5倍、6倍和12倍三种放大倍率，高精度的瞄准线双轴稳定，入瞳直径>21mm，潜望力约12m。它能配置多种摄像机和传感器，如数码摄像机、微光电视摄像机、彩色电视摄像机、热像仪、人眼安全型激光测距仪等，供潜艇指挥员根据实战需要选用；还能把视频信号实时提供给作战系统监视器，实现同步观察。潜望镜系统的串行接口可供不同的作战系统控制台实现遥控操作。该潜望镜系统在昼光和夜间条件下拥有相当好的观察效果，能有效监视海面和海空、收集导航数据、搜索和识别各种海上目标，观察到的图像可以录像供回放。

美国海军开发的全景潜望镜也值得关注。它是全景潜望镜技术在现代技术条件下的重新应用，其技术的前景还在验证中。此外，国外对潜望镜的模块化设计相当重视而且已广泛采用，无须改动潜望镜的基本结构和功能，就可以方便地根据需要替换陈旧的传感器，提升潜望镜的性能。

现代光电潜望镜技术已经相当成熟，不可能再有很大提高。传统的穿透式潜望镜的固有弊端已十分明显：其一，最主要的缺陷是潜望镜必须穿透潜艇壳体，镜管直径越大对潜艇耐压性的影响就越大；其二，潜望镜目镜镜头的转动直径一般为0.6m，在原本有限的艇内占据较大空间，对潜艇指挥舱的布置十分不利；其三，潜望镜只适合一人操作观察，无法实现多人同时观察，不利于作战信息资源的共享。尽管存在以上缺陷，但光电潜望镜在现在和将来依然是各国海军潜艇最普遍使用的成像观察装置。

软着陆返回舱设计

一、课程背景

本项目是一个拓展性课程，要求学生在学习人教版《物理》八年级下册第七章第3节《重力》的内容之后，通过查阅资料运用力的知识和阻力受影响的因素等相关知识与技能设计、制作一个简易的返回舱。

二、学习目标

1. 科学（S）

（1）了解重力大小和什么因素有关。

（2）知道影响阻力大小的因素。

（3）探究如何使用弹性物质缓冲物体撞击。

2. 技术（T）

（1）如何连接返回舱和减速伞？

（2）如何固定返回舱（鸡蛋）？

3. 工程（E）

（1）如何利用常见物品设计一个返回舱？

（2）如何利用塑料袋或薄膜制成降落伞，保证下落过程的整体稳定性和减速效果？

4. 艺术（A）

如何使返回舱和降落伞具备使用性和美观性？

5. 数学（M）

设计和量取降落伞的尺寸规格，计算质量使其起到的缓冲效果最佳。

三、学习时长

建议2课时。

四、学习内容

1. 任务驱动

了解我国航天事业的发展情况，培养热爱科学的情感和国家自豪感，树立自信。观看和学习返回舱基本过程，了解返回舱的基本原理和关键技术，知道如何设计简单的返回舱。

你了解返回舱装置的工作原理吗？你能制作一个简易的返回舱装置吗？如何让你制作的返回舱既安全又美观。

任务：设计、制作一个返回舱装置。

要制作这样简易的返回舱装置，我们首先要思考和解决的问题有：

（1）返回舱装置的工作原理是什么？

（2）制作简易返回舱装置需要什么材料？

（2）制作简易返回舱的关键技术是什么？

（4）如何设计既好用又美观？

2. 支架学习

阅读（资料）：

（1）重力和什么因素有关？

由重力的计算公式$G=mg$可知，重力与受力物体的质量和当地的重力加速度有关，而质量是不变的，因此，重力的改变取决于重力加速度的改变，重力是受力物体和地球之间的万有引力的一个分力，它取决于物体和地球的质量，还有两个物体之间的距离。因此，重力还与物体和地球之间的距离有关。物体在赤道处的重力加速度最小，而在地球两极的重力加速度最大。因此，物体在赤道处的重力最小，而在地球两极的重力最大。

（2）航天器基本知识。

一般载人航天器可分为推进舱、轨道舱和返回舱三部分。推进舱又叫仪器舱，通常安装推进系统、电源、制动轨道，并为航天员提供氧气和水。推进舱的两侧还装有面积达20多平方米的主太阳能电池帆翼。轨道舱是航天员的主要活动区域，除了升空和返回时要进入返回舱以外，其他时间航天员都在轨道舱里，轨道舱集工作、吃饭、睡觉和盥洗等诸多功能于一体。返回舱又称座舱，它是航天员的"驾驶室"，是航天员往返太空时乘坐的舱段，为密闭结构，前端有舱门。返回舱和推进舱脱离后，返回舱返回，推进舱焚毁，而轨道舱相当于一颗对地观察卫星或太空实验室，它将继续留在轨道上工作一段时间。

（3）返回舱地面着陆方式。

当返回舱降落在沙漠上时，航天员应利用返回舱和降落伞建造防风沙掩体。冬季，当返回舱降落在森林沼泽地或冻土地上时，航天员应利用返回舱与其他器材建造防寒掩体。

（4）返回舱安全着陆的关键技术。

如何有效地减速是保证安全着陆的关键。

3. 设计制作

设计一个软着陆返回舱（模型，下同）。

（1）选择合适的器材。

塑料薄膜或塑料袋、鸡蛋、黑白纸或硬卡纸、尺子、油性笔、透明纸、手机（或平板电脑）。

（2）设计制作方案。

根据你选取的器材，设计一个简易软着陆返回舱装置的制作方案，并将具体的操作步骤写下来。

制作步骤：

_____

_____

_____

（3）制作。

根据设计的方案，制作一个简易的软着陆返回舱装置。

4. 测试评价

（1）测试。

在高约15m的高度自由释放软着陆返回舱装置，观察落地的情况。

（2）评价。

① 展示并说明你们制作的软着陆返回舱装置。

② 根据表3的评价标准进行评价，比一比哪组制作得更好。

表3

等级 要素	A	B	C
效果性（6分）	安全着陆（6分）	着陆过程有晃动，但仍能着陆（3分）	无法安全着陆，鸡蛋碎了（0分）
稳定性（2分）	下落过程没有晃动（2分）	装置下落过程有晃动（1分）	下落过程翻转（0分）
美观性（2分）	美观（2分）	较美观（1分）	不美观（0分）

③ 将产品的优点和不足记录下来。

5. 优化拓展

（1）优化。

根据分享的经验，改进你的软着陆返回舱装置，使其更优化。

（2）拓展。

中国航天发展有四大里程碑

1. 第一个想到利用火箭飞天的人——明朝的万户

14世纪末，明朝的士大夫万户把47个自制的火箭绑在椅子上，自己坐在椅子上，双手举着大风筝。他最开始设想利用火箭的推力，飞上天空，然后利用风筝平稳着陆。不幸的是火箭爆炸，万户也为此献出了宝贵的生命，但他的行为却震撼和鼓舞了人们，促使人们更努力地去钻研。

2. 东方红一号——中国第一颗人造卫星

1970年，中国第一颗人造卫星"东方红一号"成功升空，成为中国航天发展史上第二个里程碑。

3. 载人航天

2003年10月15日，中国神舟五号载人飞船升空，表明中国掌握了载人航天技术，成为中国航天事业发展史上的第三个里程碑。

4. 深空探测——嫦娥奔月

2007年10月24日18时05分，随着嫦娥一号成功奔月，嫦娥工程顺利完成了一期工程。

此后，神舟九号与天宫一号相继发射，并成功对接。

2016年9月15日22时04分09秒，天宫二号空间实验室在酒泉卫星发射中心发射成功。

重要里程碑

里程碑之一：

1970年4月24日21时31分，中国东方红一号飞向太空。这是中国发射的第一颗人造卫星。

里程碑之二：

1987年8月，中国返回式卫星为法国搭载试验装置。这是中国打入世界航天市场的首次尝试。

里程碑之三：

2003年10月15日，神舟五号飞船搭载航天员杨利伟升空，这是中华人民共和国发射的第一艘载人航天飞船。2005年10月12日，神舟六号搭载费俊龙、聂海胜两名航天员升空。2008年9月25日21点10分04秒988毫秒，神舟七号搭载翟志刚、景海鹏、刘伯明三名航天员升空。

里程碑之四：

2007年10月24日18时05分，搭载着中国首颗探月卫星嫦娥一号的长征三号甲运载火箭在西昌卫星发射中心三号塔架点火，成功发射。

里程碑之五：

2010年10月1日18时59分57秒，嫦娥一号卫星的姐妹星嫦娥二号在西昌卫星发射中心发射升空，并获得了圆满成功。此次发射的目的主要是为下一步月球软着陆进行部分关键技术试验，并对嫦娥三号着陆区进行高精度成像。

五、课外阅读

21世纪航天发展

2001年1月10日，神舟二号飞船在酒泉卫星发射中心发射升空，飞行7天后成功返回地面。这是中国第一艘正样无人飞船。飞船上进行了微重力环境下的空间生命科学、空间材料、空间天文和物理等领域的实验，各种仪器设备性能稳定，工作正常，取得了大量数据。与神舟一号飞船相比，神舟二号飞船的系统结构有了新的扩展，技术性能有了新的提高，飞船技术状态与载人飞船基本一致。

紧接着神舟三号飞船于2002年3月25日发射。飞船搭载了人体代谢模拟装置、拟人生理信号设备以及形体假人，能够定量模拟航天员呼吸和血液循环的重要生理活动参数。神舟三号轨道舱在太空留轨运行180多天，成功进行了一系列空间科学实验。

2002年12月30日，神舟四号飞船的升空是中国载人航天的最后一次预演，是载人航天工程实施以来技术要求最高、参试系统最全、难度最大的一次飞行试验，还面临载人航天发射以来最为严峻的考验：发射场有史以来罕见的严寒，最低气温接近−30℃，超过低温发射条件近10℃，且飞船发射已进入不可逆状态。神舟四号飞船的成功发射标志着中国载人航天工程经受住了无人状态下最全面的飞行试验考验，创造了中国航天史上低温发射的新纪录，也创造了世界航天史上火箭低温发射的奇迹。中国航天专家梁思礼院士表示，虽然神舟飞船的研制、发射比美、俄晚一些，但中国研制飞船的起点更高。神舟飞船的轨道舱既能进行留轨对地观测，又能作为未来空间交会对接的一个飞行器，是今后天地往返运输的优良工具。

2003年10月15日是一个不寻常的日子，9时整，杨利伟乘坐的神舟五号飞船在震天撼地的轰鸣中腾空而起。全世界的人们在这一天都看到中国人杨利伟在太空中飞翔。从这一天起，在浩渺的宇宙间飘动的旗帜中开始有了中国的五星红旗。那艘承载着中华民族希望的"神奇之舟"开启了中国崭新的航天时代。

2003年10月16日清晨6时23分，中国的神舟五号飞船在起飞21小时后顺利降落在内蒙古空旷的草原上。太空中没有中国人足迹的历史到此结束。

飞天已从敦煌壁画中走了出来。

空气动力火箭

一、课程背景

本项目是一个拓展项目，主要以力学及大气压强知识为主，要求学生在学习人教版《物理》八年级下册第八章《运动和力》及第九章第3节《大气压强》的内容之后，通过查阅资料设计、制作一个简易的空气动力火箭装置。

二、学习目标

1. 科学（S）

（1）了解气压动力原理，运动和力的关系。

（2）知道火箭外形与空气动力学原理。

（3）知道发射装置发射角度与火箭飞行高度和距离的关系。

2. 技术（T）

（1）如何将储气动力装置和发射装置连接好？

（2）如何将气压显示仪和动力装置连接好？

（3）如何设计纸火箭的形状使其受空气阻力更小？

（4）如何使充气口和阀门不漏气，保证良好的气密性？

3. 工程（E）

（1）如何使动力装置和发射装置及纸火箭设计一体化？

（2）如何将纸火箭设置成阻力小的形状并能平稳？

4. 艺术（A）

如何设计出造型美观又具备飞行功能的空气动力火箭装置？可通过自己的

想象设计装置的造型和火箭的涂鸦。

5. 数学（M）

计算和测量动力装置的口径和充气口及发射开关的口径，以保证良好的气密性。计算气压数值和火箭质量，以便飞出最佳的距离。

三、学习时长

建议3课时。

四、学习内容

1. 任务驱动

通过查阅相关资料，了解空气火箭的原理、构造和造型、主要的组成部分，如何让气火箭飞得更远；了解中国火箭的发展史，选出自己最喜爱的造型加以制作。

你了解空气火箭的工作原理吗？知道气火箭的主要构造吗？你能制作一个简易的空气动力火箭装置吗？

任务：设计、制作一个空气动力火箭装置。

要制作这样简易的空气动力火箭装置，我们首先要思考和解决的问题有：

（1）空气动力火箭的主要构造是什么？

（2）制作简易空气动力火箭需要什么材料？如何设计、制作一个可以正常发射的空气动力火箭装置？

2. 支架学习

阅读（资料）：

（1）空气动力火箭的工作原理。

空气动力火箭的工作原理是：通过气压产生冲力，从而改变纸火箭的运动状态，使其飞出。它主要利用一个集气瓶里的气体作为动力装置，当集气瓶充满气后，突然打开阀门，气体往外喷出，给予火箭一个推力，使火箭飞得更远。

（2）空气动力火箭的主要组成部分。

空气动力火箭主要分三部分：动力装置、发射装置、纸火箭。

讨论：（略）

3. 设计制作

设计一个空气动力火箭（模型，下同）。

（1）选择合适的器材。

塑料粗管构成的集气瓶、细管、塑料三通管连接头、气阀、剪刀、卡纸、尺子、油性笔、颜料、胶水、气压显示仪、气筒、手机（或平板电脑）。

（2）设计制作方案。

根据你选取的器材，设计空气动力火箭制作方案，并将具体的操作步骤写下来。

制作步骤：

_____

_____

（3）制作。

根据设计的方案，制作一个空气动力火箭。

4. 测试评价

（1）测试。

实践应用，检测空气动力火箭发射飞行的距离。

（2）评价。

① 展示并说明你们制作的空气动力火箭。

② 根据表4的评价标准进行评价，比一比哪组制作得更好。

表4

要素 ＼ 等级	A	B	C
效果性（6分）	能平稳发射，距离远（6分）	较平稳发射，距离较远（3分）	无法发射（0分）
稳定性（2分）	装置稳固（2分）	装置轻微晃动（1分）	无法稳定放置（0分）
美观性（2分）	美观（2分）	较美观（1分）	不美观（0分）

③将产品的优点和不足记录下来。

5. 优化拓展

（1）优化。

根据制作心得，谈谈你的看法，分享你的经验，说一说如何改进你的空气动力火箭，使其更美观，发射距离更远。

（2）拓展。

火箭起源及发射简介

火箭是历史悠久的投射武器，中国古代的火箭就是现代火箭的鼻祖。早在宋理宗绍定五年（约1232年）宋军保卫汴京时，便已用来对抗元军，后来火箭技术经由阿拉伯人传至欧洲。

18世纪，印度在对抗英国和法国军队的多次战争中，曾大量使用火箭武器，获得了良好的战果，因此带动欧洲火箭技术的发展。之后，又发展出精密的导引与控制系统，而成为具有射程远、射速快、火力强、高震撼力与高命中率等特性的武器，奠定了其在军事武器发展史上的地位。

火箭是以热气流高速向后喷出，利用产生的反作用力向前运动的喷气推进装置。它自身携带燃烧剂与氧化剂，不依赖空气中的氧助燃，既可在大气中飞行，又可在外层空间飞行。火箭在飞行过程中随着火箭推进剂的消耗，其质量不断减小，是变质量飞行体。

发射火箭由地面控制中心倒计数到零便下令第一级火箭发动机点火。在震天动地的轰鸣声中，火箭拔地而起，冉冉上升，加速飞行段由此开始了。经过几十秒钟，火箭开始按预定程序缓慢向预定方向转变，100多秒钟后，在70km左右的高度，第一级火箭发动机关机分离，第二级火箭发动机接着点火，继续加速飞行。这时火箭已飞出稠密的大气层，可按程序抛掉卫星的整流罩。在火箭达到预定速度和高度时，第二级火箭发动机关机分离，至此加速飞行段结束。随后，火箭靠已获得的能量，在地球引力作用下，开始惯性飞行段，直到与预定轨道相切的位置止。此时第三级火箭发动机点火，开始最后的加速段飞行。当加速到预定速度时第三级火箭发动机关机。火箭的运载使命就全部完成了。火箭飞行所能达到的最大速度，也就是燃料燃尽时获得的最终速度，主要取决两个条件：一是喷气速度，二是质量比（火箭开始飞行时的质量与燃料燃尽时的质量之比）。喷气速度越大，最终速度就越大。由于现代科学技术条件下一级火箭的最终速度还达不到发射人造卫星所需要的速度，所以发射卫星要用多级火箭。

火箭的级数不是越高越好，级数越多，构造越复杂，工作的可靠性就越差。火箭和喷气式飞机一样都是反冲的重要应用。为了提高喷气速度，需要使用高质量的燃料。当燃气从细口喷出时或水从弯管流出时，它们具有动量，由动量守恒定律可知，盛燃气的容器就要向相反方向运动。火箭是靠喷出气流的反冲作用获得巨大速度的。

五、课外阅读

长征五号B运载火箭

长征五号B运载火箭是专门为中国载人航天工程空间站建设而研制的一种新型运载火箭，以长征五号火箭为基础改进而成，是中国近地轨道运载能力最强的新一代运载火箭，全箭总长53.7m，起飞重量837.5t，级数为一级半，近地轨道运载能力大于22t。

2020年5月5日18时，长征五号B运载火箭于中国海南文昌航天发射场圆满完成首次飞行任务。

2021年4月29日11时23分，长征五号B遥二运载火箭搭载空间站天和核心舱，在海南文昌航天发射场发射升空。

长征五号B运载火箭承担着中国空间站舱段发射任务。根据飞行任务规划，空间站工程分为关键技术验证、建造和运营三个阶段实施。其中，关键技术验证阶段安排了长征五号B运载火箭首飞、试验核心舱发射等6次飞行任务。航天科技集团一院长征五号B运载火箭系统总设计师李东说："发射载人空间站舱段，只有长征五号B运载火箭能够胜任。"

战斗机

一、课程背景

本项目是一个手工制作项目，主要以空气动力学知识为主，要求学生在学习人教版《物理》八年级下册第九章第4节《流体压强与流速的关系》的内容之后，通过查阅资料设计、制作一个简易的战斗机模型。

二、学习目标

1. 科学（S）

（1）知道飞机外形设计原理，流体压强和流速的关系。

（2）知道飞机重心和稳定性的关系。

（3）知道飞机机翼、机身的比例关系。

2. 技术（T）

（1）如何将飞机机翼和机身连接固定好？

（2）如何将飞机机身和尾翼连接好？

3. 工程（E）

（1）如何做成阻力小的机身？

（2）如何将机头、机身和机翼设置成阻力小的形状并能保持平稳？

（3）如何设定飞机的各个部位？

4. 艺术（A）

如何设计出造型美观又具备飞行功能的战斗机？可通过自己的想象设计战斗机的造型和涂鸦。

5. 数学（M）

在纸张上设计和量取相应的尺寸，折叠和制作成飞机的各个部分，使其恰好能组成一个整体。通过计算纸张的大小和质量，保证飞机的稳定性和具有较平稳的飞行距离。

三、学习时长

建议2课时。

四、学习内容

1. 任务驱动

通过查阅相关资料，了解战斗机的原理、构造和造型、主要的组成部分，如何可以让战斗机飞得更远；了解中国战斗机的发展史，选出自己最喜爱的造型进行制作。

你了解战斗机的工作原理吗？知道战斗机的主要构造吗？你能制作一个简易的战斗机吗？

任务：设计、制作一个战斗机模型。

要制作这样的简易战斗机，我们首先要思考和解决的问题有：

（1）战斗机的主要构造是什么？

（2）制作简易战斗机需要什么材料？如何设计、制作一个可以正常使用的战斗机？

2. 支架学习

阅读（资料）：

（1）战斗机的飞行原理。

飞机上升利用了伯努利原理，即流体（包括烚骱退流）的流速越大，其压强越小；流速越小，其压强越大。飞机的机翼做成的形状就可以使通过机翼下方的流速低于上方的流速，从而产生机翼上、下方的压强差（下方的压强大于上方的压强），因此就有了一个升力，这个压强差（或者说是升力的大小）与飞机的前进速度有关（图3）。

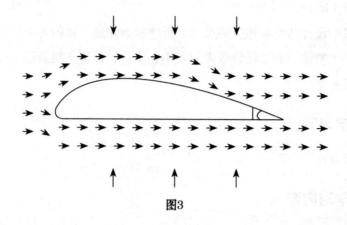

图3

（2）战斗机的主要组成部分。

大多数飞机都是由机翼、机身、尾翼、起落装置和动力装置五个主要部分组成的。

讨论：（略）

3. 设计制作

设计一个战斗机（模型，下同）。

（1）选择合适的器材。

剪刀、A4纸、尺子、油性笔、颜料、吹风机、手机（或平板电脑）。

（2）设计制作方案。

根据你选取的器材，设计一架战斗机的制作方案，并将具体的操作步骤写下来。

制作步骤：

_____

_____

_____

（3）制作。

根据设计的方案，制作一架简易的战斗机。

4. 测试评价

（1）测试。

实践应用，检测战斗机手掷飞行的距离。

（2）评价。

① 展示并说明你们制作的战斗机。

② 根据表5的评价标准进行评价，比一比哪组制作得更好。

表5

要素 \ 等级	A	B	C
效果性（6分）	能平稳滑翔，距离远（6分）	较平稳滑翔，距离较远（3分）	无法滑翔飞行（0分）
稳定性（2分）	装置稳固（2分）	装置轻微晃动（1分）	无法稳定放置（0分）
美观性（2分）	美观（2分）	较美观（1分）	不美观（0分）

③ 将产品的优点和不足记录下来。

5. 优化拓展

（1）优化。

根据制作心得，谈谈你的看法，分享你的经验，说一说如何改进你的战斗机，使其更美观，航行距离更远。

（2）拓展。

战斗机

战斗机是指主要用于保护我方运用制空权以及摧毁敌人使用制空权之能力的军用机种，主要包括歼击机、强击机。它的特点是飞行性能优良、机动灵活、火力强大；现代的先进战斗机多配备各种搜索、瞄准火控设备，能全天候攻击所有空中目标。战斗机按用途可分为制空战斗机和多用途战斗机两大类，按重量可分为重型和轻型两种，广义上还包括专门用于国土或地区防空的截击机和对空对地两用的战斗轰炸机。

五、课外阅读

第五代战机

第五代战斗机是依照军事上对喷气式战斗机的划代标准，世界现役机种最先进的一代战斗机。第五代战斗机的性能特点一般可以用4S来概括。

第五代战斗机较前一代战斗机最大的特点就是第五代航空发动机的使用以及低可侦测性技术的全面运用，并具备高机动性、先进航电系统、高度集成计算机网络，具备优异的战场状况感知能力以及信息融合能力。服役的第五代战斗机有美国洛克希德·马丁公司生产的F-22、F-35，以及中国的成飞设计并生产的歼-20，另外还有俄罗斯联合飞机集团-苏霍伊公司的苏-57战斗机。

第五代战斗机需要具备4s的性能特点，即：Stealth（隐形）；Super Sonic Cruise（超音速巡航能力）；Super Maneuverability（超机动能力）；Superior Avionics for Battle Awareness and Effectiveness（超级信息优势），其中在早期美国的F-117A时代具备革命性的就是隐身性能。隐身性能依赖于外形、材料和内部武器舱，即使是装备完全的作战配置，战斗机依然只有非常低的雷达反射截面积。美国的第五代战斗机利用了此前为F-117A、B-2轰炸机和AGM-129"先进巡航导弹"所发展的隐身技术。对于那些单纯凭借机动性取胜的战斗机，这种几乎看不见的作战能力决定了第五代战斗机平台发展中最为重要的革命性部分。

J-20（歼-20）是中国研制的第五代重型隐形战斗机。该机结合了最新的中国超音速巡航、机动性、短距起降和隐身技术。尽管J-20采用了传统战斗机的布局，但值得一提的是，其在机身尺寸上要大于美国的F-22和俄罗斯的T-50，能够提供更大的内部空间。J-20于2011年1月11日实现首次试飞。

第五代战斗机配备高毁伤远程防区外发射隐身巡航导弹（即"联合防区外发射武器"JSOW-ER导弹），如美国：AGM—129隐身巡航导弹（轰炸机专用）、SLAM-ER、JASSM-ER、SMACM、AGM-154、AGM-158隐身巡航导弹（第五代战斗机通用）、新型远程隐身反舰导弹（LRASM，第五代战斗机通用）、SDB精确制导隐身小直径炸弹（第五代战斗机通用）、B61-12型钻地核炸弹（第五代战斗机通用）；挪威、美国：JSM隐身巡航导弹（NSM隐身反舰导弹改型，第五代战斗机通用）；德国、韩国：金牛座隐身巡航导弹（第五代战斗机通用）；德国、土耳其：SOM隐身巡航导弹（第五代战斗机通用）；英国、法国、意大利：风暴阴影巡航导弹（第五代战斗机通用）；苏/俄：M25"流星"高超音速隐身战略巡航导弹、Kh-101隐身巡航导弹（轰炸机专用）、KH59MK2隐身巡航导弹（第五代战斗机通用）；中国：GB-6A亚音速隐形巡航导弹（轰炸机专用）、KD-20隐身巡航导弹（轰炸机专用）。

第五代战斗机通过对发动机与隐身、综合航空电子系统和后勤保障的重大改进，将机动性、敏捷性、飞行性能、隐身性、信息融合、更好的态势感知（situational awareness）和能够网络作战等完全结合，产生了此前战斗机发展各个阶段从未出现过的优势。

创意不倒翁

一、课程背景

物理知识下的运用贯穿人们的生活，而大家熟悉的不倒翁制作也是物理知识的运用：重力使不倒翁不管如何摆放都能自己恢复站立姿势。

二、学习目标

1. 科学（S）

了解不倒翁中的重力知识运用。

2. 技术（T）

通过调整重物的质量与位置使不倒翁垂直站立。

3. 工程（E）

学会将圆形物体平剖两半，使得两个形状大小一致。

4. 艺术（A）

结合不倒翁的形象构建出与其匹配的图形装饰。

5. 数学（M）

掌握如何裁剪扇形纸片使其粘贴能形成一个圆锥形。

三、学习时长

建议2课时。

四、学习内容

1. 任务驱动

小小的不倒翁大家从小就认识，但做过不倒翁的都知道，想要把不倒翁做好并不是一件容易的事情，而要使不倒翁每次站立时都能回到垂直的状态更难。其实这是重力中的重心知识，只要掌握重心的调整方法就可以使不倒翁垂直地站立。

任务：制作一个不倒翁，使其垂直站立，并对其进行与其形象相符的装饰美化。

要求：

（1）如何调整重物的重心？

（2）不倒翁主体上的锥形如何裁剪成型？

（3）应该如何为不倒翁设计合适的装饰图案？

2. 支架学习

阅读（资料）：

不倒翁是我国古老的儿童玩具之一，最早记录出现在唐代，因为上轻下重，重心低，所以摇摆后都可以恢复直立。

物体的重心与地面接触点的距离大小与它的稳定性成反比，也就是距离越大稳定性越差，反之距离越小稳定性越好。在生活中为增强物体的稳定性，我们常采用加重下面的质量的方法，如电扇底座、话筒架、公共汽车站牌等。

讨论：不倒翁的高度跟底座的大小有关系吗？

3. 设计制作

设计、制作一个不倒翁，高度为20cm，再将不倒翁形象设计得有趣且生动。

（1）选择合适的器材。

乒乓球、美工刀、剪刀、双面胶、画笔、黏土。

（2）设计方案。

利用工具将黏土填充进乒乓球，使黏土在乒乓球内整齐铺满，如图4所示。

图4

再裁剪出一个扇形，使其长边粘贴后能贴合在填充好黏土的乒乓球上，如图5所示。

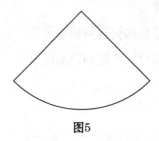

图5

制作步骤：

_____

_____

_____

（3）制作。

制作中要做到乒乓球的横截面中心点与圆锥顶点相连的一条直线与地面垂直。尝试在同一个底座上，套用不同高度的圆锥（表6）。

表6

圆锥高度（cm）	能否恢复直立状态	恢复直立所用时长（s）
3	能/否	
5	能/否	
10	能/否	

4. 测试评价

由制作好的不倒翁以及表格的完善可见，不倒翁大小与质量固定时，高度越高稳定性越_____，高度越低稳定性就越_____。

5. 优化拓展

利用稳定性最好的方案制作一个不倒翁，并在圆锥体上进行装饰，需要充分考虑不倒翁恢复垂直状态的能力。

五、课外阅读

大家因为不倒翁倒下后又能恢复站立的特征，用它来讽刺那些为保护自己地位，靠耍弄权术而经久不倒的人。明代江南才子徐文长曾以"不倒翁"为题写过一首诗："乌纱玉带俨然官，此翁原来泥半团；忽然将你来打碎，通身上下无心肝。"此诗妙在一语双关，将封建社会那些表面上正人君子，实际上没有心肝的官僚刻画得惟妙惟肖、入木三分。

公交呼叫系统研究

一、课程背景

本项目是一个课外拓展性研究，要求学生在学习人教版《物理》九年级第十五章第2节《电流和电路》和第3节《串联和并联》的内容后，从教材的基本串并联电路出发，运用串并联电路的基本特点设计、制作一个符合公交车呼叫提醒乘客下车的电路系统。

二、学习目标

1. 科学（S）

（1）学会电路的基本结构。

（2）学会基本电路的三种状态，即通路、断路、短路，及开关的控制作用。

（3）学会串并联电路的逻辑关系和特点。

2. 技术（T）

掌握电路的设计技能，掌握电路制作和操作技能。

3. 工程（E）

（1）了解电路设计研究涉及的材料和数量。

（2）学会根据电路图进行实物连接和故障排除，体验工程设计的一般过程。

4. 艺术（A）

根据人们坐公交车的实际需求，进行人性化的设计。

5. 数学（M）

根据公交车的实际长度，估测布置电线的长度；掌握电路之间的逻辑关系。

三、学习时长

建议1~2课时。

四、学习内容

1. 任务驱动

城市的发展是非常迅速的，特别是交通方面。随着城市的发展，人们的出行方式有很多选择。公交车出行也是比较大众化的一种，如图6所示。

图6

公交车经常是人非常多的。人多嘈杂，乘客往往需要下车的时候，司机没收到乘客下车的提醒信号，经常错过站。

任务：设计、制作一个公交车呼叫系统。

要求：

（1）乘客按一下开关，司机位置的指示灯会亮，提醒司机，有乘客需要下车。

（2）不管按下前门开关，还是后门开关，指示灯都会亮。

2. 支架学习

阅读（资料）：

（1）电路的基本结构包括电源、开关、用电器、导线。

（2）电路的三个状态：通路、断路、短路，如图7所示。

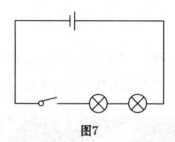

图7

串联电路的定义：用电器首尾依次连接在电路中。特点：电路只有一条路径，任何一处断路都会出现整个电路断路。故障排除方法之一：用一根导线逐个跨接开关、用电器，如果电路形成通路，就说明被短接的那部分接触不良或损坏。千万注意：绝对不可用导线将电源短路。

并联电路定义：使构成并联的电路元件间电流有两条及以上相互独立的通路，为电路组成两种基本的方式之一。（例如，一个包含两个电灯泡和一个9V电池的简单电路，若两个电灯泡分别由两组导线分开连接到电池，则两灯泡为并联。）并联电路的特点：①电路有若干条通路；②干路开关控制所有的用电器，支路开关控制所在支路的用电器；③各用电器相互无影响（图8）。

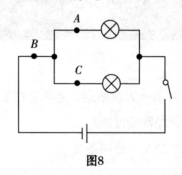

图8

讨论：串联电路开关的位置影响控制作用吗？并联电路干路开关和支路开关的控制作用是什么？

3. 设计制作

（1）选择合适的器材。

5号电池一对、2个小灯泡、1个指示灯、2个单刀开关、导线若干，如图9所示。

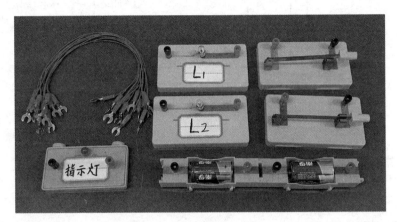

图9

（2）设计方案。

基础电路设计包括串联、并联和混联三种模式。

串联电路各用电器互相影响，不能独立工作；如果串联2个开关，开关之间也会互相影响，不能独立控制，如图10所示。

并联电路用电器互不影响，能独立工作；如果并联2个开关，开关之间也互不影响，能单独控制，如图11所示。

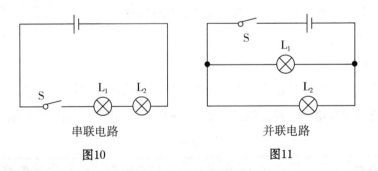

串联电路	并联电路
图10	图11

公交车内，无论前门开关还是后门开关，任意闭合其中一个，司机前面的指示灯都亮。这说明前后门两个开关是互不影响的，属于并联连接，如图12所示。

初步设计公交车呼叫系统电路，如图12所示，小组内讨论和优化方案，互动评价方案的优缺点，画出最优的电路图。

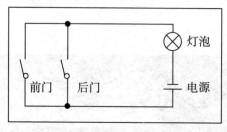

公交车车厢

图12

制作步骤：

_____

_____

_____

（3）制作。

根据你设计的方案，制作一个符合公交车呼叫功能的人性化的呼叫系统，然后实测检验一下这个系统。

①准备好器材。

②按照设计好的电路图连接实物图。

③实测检验电路的功能。

④排除现实生活中可能出现的故障，确保安全。

4. 测试评价

（1）测试。

①证实一下现实生活中运营的公交呼叫系统的功能。

②连接操作电路，模拟测试这个系统的效果，见表7，如图13所示。

表7

次数	前门开关	后门开关	指示灯
第一次			
第二次			

图13

（2）评价。

① 从验证结果分析，你设计的电路能否实现预想的功能呢？

② 现实生活应用中，如果你设计的电路投入使用，有哪些可以预见的故障？如何排查？

③ 实际上，公交车上人多嘈杂，路况复杂，司机不一定能够注意到指示灯的情况，你有好的建议吗？

④ 乘客与司机距离较远，不清楚自己按下开关是否提醒了司机，也不知道自己按下的开关是否在工作状态。你有什么想法？

5. 优化拓展

（1）优化。

改进1：把灯泡换为电铃，让声音大一点，更容易提醒司机。

改进2：在各个开关所在的支路上串联一个指示灯，显示开关是否在工作状态，如图14所示。

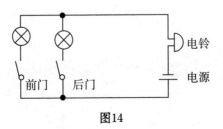

图14

（2）拓展。

其实类似这种电路在生活中也有很多的应用，如抢答系统。开关在各个选手手上，哪个选手先闭合开关，哪个灯就先亮，显示谁先答题。

五、课外阅读

常见电路的元件电压与自身的阻值有关，这会影响元件工作的实际功率，从而影响元件的实际工作效果。具体的知识，可以查阅以下网址：https：//baike.baidu.com/item/串并联电路的电压规律/1074457？fr=aladdin。

护士站呼叫系统研究

一、课程背景

本项目是一个课外拓展性研究，要求学生在学习人教版《物理》九年级第17章第4节《欧姆定律在串、并联电路中的应用》的内容后，从教材的基本串、并联电路出发，运用串、并联电路的基本特点设计、制作一个符合护士站呼叫提醒的电路系统，以方便患者和医护人员联系，提高工作效率，减少人员走动，避免交叉感染。

二、学习目标

1. 科学（S）

（1）学会电路的基本结构。

（2）学会串、并联电路的逻辑关系，以及混联的特点。

2. 技术（T）

掌握电路的设计技能，掌握电路操作、制作技能。

3. 工程（E）

（1）了解电路设计研究涉及的材料和数量。

（2）学会根据电路图进行实物连接和故障排除，体验工程设计的一般过程。

4. 艺术（A）

根据病人的实际需求和心理特点，进行人性化的设计。

5. 数学（M）

分析电铃与指示灯的电压比例；通过欧姆定律的计算，了解电路各元件之间的实际电功率分配规律。

三、学习时长

建议2～3课时。

四、学习内容

1. 任务驱动

在疫情肆虐下，很多国家和地区的人民都饱受疫情的威胁，医院人满为患，医生和护士都忙不过来。为了方便患者和医护人员联系，提高工作效率，减少人员走动，避免交叉感染，设计一个护士站呼叫系统尤为重要。这样可以大大减轻医护人员的工作，在病人有需要的时候，按下对应的开关，医护人员就能及时赶到。

任务：设计、制作一个护士站呼叫系统。

要求：

（1）病人按一下开关，护士室里的电铃会响，指示灯（对应病人房间）会亮，提醒护士。

（2）不管哪个病房的病人按下开关，护士室里的电铃都会响，指示灯（对应病人房间）都会亮。

2. 支架学习

阅读（资料）：

请先查阅公交车呼叫系统的支架学习的资料，了解串、并联电路的结构和特点。

串、并联电路的电压、电流、电功率分配规律见表8。

表8

规律	串、并联电路的比例关系	
	串联	并联
电路图		

续 表

规律	串联	并联
电流的比例关系	$I_1:I_2=1:1$	$I_1:I_2=R_1:R_2$
电压的比例关系	$U_1:U_2=R_1:R_2$	$U_1:U_2=1:1$
电功率的比例关系	$P_1:P_2=R_1:R_2$	$P_1:P_2=R_2:R_1$
总功率与各用电器功率的关系	$P_串=P_1+P_2$	$P_并=P_1+P_2$

讨论：串联电路开关的位置影响控制作用吗？并联电路干路开关和支路开关的控制作用是什么？

3. 设计制作

（1）选择合适的器材。

一对5号电池、小灯泡2个、指示灯1个、单刀开关2个、导线若干，如图15所示。

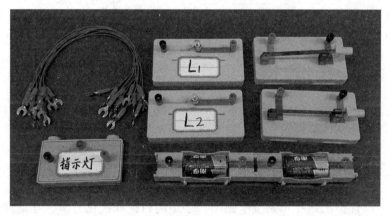

图15

（2）设计方案。

串联、并联、混联是三种基本的电路。串联电路各用电器互相影响，不能独立工作。

并联电路各用电器互不影响，能独立工作。有2个开关的情况下，串联开关也会互相影响，不能独立控制，如图16所示；并联支路的开关互不影响，能单独控制，如图16所示。

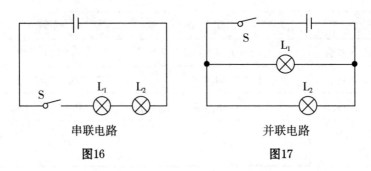

串联电路   并联电路

图16   图17

混联电路综合了以上两种功能。如图18所示，病人A处开关S_1只控制护士站内对应房间1的红灯，同时电铃响；病人B处开关S_2只控制护士站内对应房间2的绿灯，同时电铃也响。因此，红灯和绿灯应该互不影响，为并联；对应的开关控制对应的灯，所以灯与开关为串联；不管哪个病人闭合开关，电铃都响，所以电铃应该在电路公共部分，接在干路上。

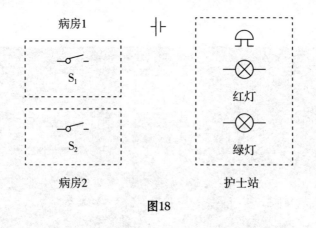

图18

初步设计护士站呼叫系统电路图，小组内讨论和优化方案，互动评价方案的优缺点，画出最优的电路图。

制作步骤：

_____

_____

_____

（3）制作。

根据你设计的方案，制作一个符合护士站呼叫功能的人性化的呼叫系统，然后实测检验一下这个系统。

①准备好器材。

②按照设计好的电路图连接实物图，如图19所示。

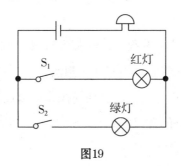

图19

③实测检验电路的功能。

④排除现实生活中可能出现的故障，确保安全。

4. 测试评价

（1）测试。

①证实一下现实生活中的护士站呼叫系统的功能。

②连接操作电路，模拟测试这个系统的效果，见表9，如图20所示。

表9

开关状态	红灯（亮灭）	绿灯（亮灭）	电铃
开关S₁闭合，开关S₂断开			
开关S₂闭合，开关S₁断开			

图20

（2）评价。

① 从验证结果分析，你设计的电路能否实现预想的功能呢？

② 现实生活应用中，如果你设计的电路投入使用，有哪些可以预见的故障？如何排查？

③ 实际上，有时候病人等很久护士都没有来，心情十分焦急，也不知道自己按下的开关是否在工作状态。你有什么想法？

④ 护士看到呼叫灯点亮后，没有任何操作可以反馈信息给病人。关于缓解病人焦急的心情，你有好的建议吗？

5. 优化拓展

改进1：在病人开关的位置再串联一个指示灯，显示开关是否在工作状态。

改进2：护士站额外设计一个远程操控对应病人开关的电路，通过电磁铁实现这个功能。当护士看到病人呼叫时，可以远程控制病人开关，切断呼叫系统，病人看到开关指示灯熄灭，说明护士已经知道了，正在赶过来。电路如图21、图22所示。

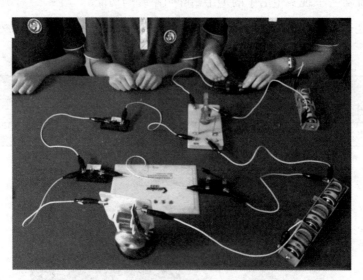

图21

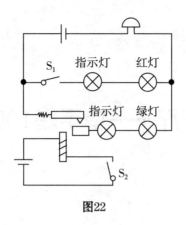

图22

五、课外阅读

常见电路的元件电压与自身的阻值有关，这个会影响元件工作的实际功率，从而影响元件的实际工作效果。具体的知识，可以查阅以下网址：https：//baike.baidu.com/item/串、并联电路的电压规律/1074457？fr=aladdin。

四两拨千斤——单手提100kg重物

一、课程背景

本项目是一个课外实践性研究，要求学生在学习人教版《物理》八年级下册第十二章第1节《杠杆》和第2节《滑轮》的内容后，根据杠杆和滑轮组实际省力和操作简易的特点，选择合适的简单机械进行实验。这里要求利用教材中滑轮的基础知识，运用滑轮组的基本特点设计、制作一个省力、方便操作的滑轮组机械系统，如图23所示。

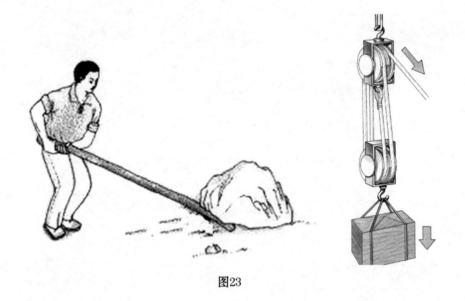

图23

二、学习目标

1. 科学（S）

（1）学会滑轮组的基本结构和特点。

（2）学会提高滑轮组机械效率的方法。

2. 技术（T）

掌握简单机械的设计技能，掌握简单机械的制作和操作技能。

3. 工程（E）

（1）了解滑轮组设计研究涉及的材料和数量。

（2）学会操作滑轮组，以及根据实际省力情况估测穿引绳子股数，体验工程设计的一般过程。

4. 艺术（A）

根据重物大小和人操作位置的实际情况，选择组装不同的滑轮组，使设计更简易、人性化。

5. 数学（M）

根据滑轮组实际省力情况，计算估测穿引绳子股数；通过计算，掌握提高滑轮组机械效率的方法。

三、学习时长

建议1～2课时。

四、学习内容

1. 任务驱动

在疫情或者抗震救灾的环境下，往往人手是非常紧缺的。特别是搬运大件物资的时候，需要更多的人合力搬运，缺人手的现象尤为明显。那如何提高搬运效率，减少人手的需求量呢？比如，需要众人一起抬的重物，能否单人解决呢？这就涉及省力的搬运机械了。常见的省力机械有省力杠杆和滑轮组，哪一种更符合搬运的需求，能达到减少人员的目的呢？很明显，杠杆虽然可以省力，但是搬运过程比较麻烦，货物容易掉落，容易损坏物资和砸伤人员。因此

本实验采用滑轮组机械进行研究。

任务：设计一个省力且容易操作的滑轮组机械（模型，下同）。

要求：

（1）提起物资时，可以单手操作，达到省力的目的。

（2）移动物资时比较方便快捷。这里以搬运100kg的重物为例子。

2. 支架学习

阅读（资料）：

滑轮组是一种既可以省力，又可以改变拉力方向的机械。如果拉住重物的绳子有2股，总的重力就由这2股绳子分担，那么每股绳子承受的拉力就是总重物的1/2。如果拉住重物的绳子有n股，总的重力就由这n股绳子分担，那么每股绳子承受的拉力就是总重力的1/n。这样就达到了省力的目的。滑轮组还可以改变拉力的方向，可以向上拉，也可以向下拉，根据实际操作需要设定，如图24所示。

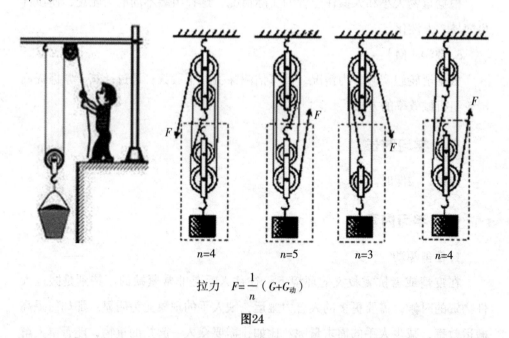

$$拉力 \quad F=\frac{1}{n}(G+G_{动})$$

图24

讨论：拉住动滑轮绳子的股数越多，人的拉力越大还是越小？当绳子股数增多时，轮子间的摩擦力怎样变化？感觉拉动起来会困难吗？如果人在高处拉起重物，滑轮组该如何组装？如果人在低处拉起重物，滑轮组又该如何组装？

3. 设计制作

（1）选择合适的器材。

四槽的滑轮2个、钢丝绳50m、白手套1双、100kg重物、板车一台、绳子一根、支架一副、电子秤一台，如图25所示。

图25

（2）设计方案。

正常成年人单手比较轻松输出的拉力约为150N，约为15kg的重物。现在有100kg的重物，四槽共带8股绳子的滑轮组，动滑轮自身质量10kg。那么，货物和动滑轮总质量约为110kg，为1100N；分摊到每股绳子的力量为137.5N，约13.75kg的重物，刚好在单手操作的能力范围内。因此，选用四槽的滑轮组是合理的，忽略钢丝绳重力和摩擦力，正常的成年人理论上就可以单手拉起100kg的重物。

操作时，因为人在地面上拉动绳子，所以设计拉动绳子的方向应该向下，才符合人向下拉绳子，把重物向上提升。因此，采用的是图26的穿绳模式。

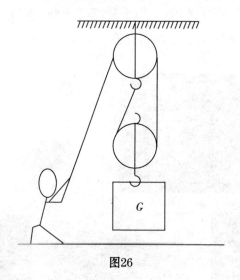

图26

制作步骤：

_____

_____

（3）制作。

根据你设计的方案，设计一个省力且容易操作的滑轮组机械，然后实测检验一下这个机械的操作性能。

①现场准备好各种需要的器材。

②称量好大约100kg的重物，用板车拉到现场，如图27所示。

图27

③ 串接钢丝绳，组装好滑轮组，如图28所示。

图28

④ 不断添加重物，多次测试滑轮组，体验滑轮组的性能，如图29所示。

图29

4. 测试评价

（1）测试。

① 体验一下滑轮组省力的效果和操作的方便。

② 不断添加重物，感受钢丝绳拉力的大小，分析摩擦力的影响，见表10。

表10

动滑轮重（kg）	重物（kg）	手拉力（N）	摩擦力（N）
10	10		
	50		
	80		
	100		

（2）评价。

① 从验证结果分析，你设计的滑轮组机械能否实现预想的功能呢？

② 如果你设计的滑轮组机械投入生活中使用，有哪些可以预见的安全隐患需要排查？

③ 如何减小滑轮组的摩擦力？

④ 如果货物重力小于动滑轮重力，你建议使用该滑轮组吗？

5. 优化拓展

（1）优化。

改进1：钢丝绳要多加润滑油，减小它与滑轮组间的摩擦力。

改进2：滑轮组的质量应该选用较小的。

（2）拓展。

五、课外阅读

实际应用中，滑轮组除了要考虑省力情况，还应该考虑机械效率。具体的知识可以查阅以下网址：https：//baike.baidu.com/item/机械效率/2685290？fr=aladdin。

自制鱼缸过滤系统

一、课程背景

本项目是一个课外的拓展性研究，要求学生在学习人教版《物理》八年级下册第九章第2节《液体压强》的内容后，从教材的连通器基本知识出发，运用连通器两端液面相平的基本特点进行设计、制作一个符合鱼缸循环过滤的生态系统。

二、学习目标

1. 科学（S）

（1）学会物理过滤、生物过滤、化学过滤等基本知识。

（2）学会连通器的基本原理。

（3）知道液体压强的影响因素。

2. 技术（T）

掌握手工DIY的设计和制作技能，掌握鱼缸过滤水路系统的设计技术。

3. 工程（E）

（1）了解鱼缸过滤系统涉及的材料和数量。

（2）学会根据液体压强的特点进行水路路线设计和疏通检测，体验工程设计的一般过程。

（3）知道抽水机输出水压对过滤系统的影响。

4. 艺术（A）

根据鱼缸清理的实际需求和人的审美特点，进行鱼缸生态化、一体化设计。

5. 数学（M）

根据液体压强与高度的关系，估测过滤系统与抽水机的距离要求。

三、学习时长

建议1～2课时。

四、学习内容

1. 任务驱动

随着人们生活条件的不断提高，人们对自己的兴趣爱好提高了关注，如爱好打球，爱好健身，爱好爬山，爱好养宠物、养鱼等。其中，有很多家庭喜欢在家里养鱼。

养观赏鱼是一项修身养性的爱好。但是，养鱼也有很多的技术难题要处理，如养鱼先养水，养水先过滤。因此，建立一个完整的循环的生态过滤系统对养鱼起着非常重要的作用。如果再种植一些水草、绿萝等植物进行美化，那么这个鱼缸就非常具有观赏价值了。

任务：设计和制作一个简易且美观的鱼缸循环过滤系统。

要求：

（1）过滤系统制作简单，容易操作。

（2）清洗简单，可循环利用。

（3）有一定的过滤效果，没有可见的颗粒状垃圾，水质不发黄。

（4）有增氧功能。

2. 支架学习

阅读（资料）：

鱼缸过滤方式

当前过滤方式主要有物理过滤、生物过滤、化学过滤、吸附过滤等，只要插上电源就会不停地工作。

过滤器必须有两种或以上的过滤方式，即物理过滤、生物过滤、化学过滤。

物理过滤：利用机械办法将水中较大的颗粒分离出来，如剩余的饲料颗粒，死亡鱼的尸骨，鱼的排泄物、分泌物、呕吐物、体表黏液等，一般多使用海绵、喷胶棉、细网目的尼龙网、棕榈叶纤维等，通常放置在过滤系统的初始端，便于清洗。

生物过滤：培养有益细菌，通过细菌分解有害元素，如氨盐、亚硝酸盐、硝酸盐、磷酸盐等。常用的滤料有生化球、陶瓷环、玻璃环、珊瑚砂等（最主要的过滤方式，维持生态系统）。

化学过滤：利用化学制剂除去水的杂质，所使用的制剂有水质安定剂、絮凝剂、除藻剂、蛋白质分解剂、除臭剂等。

吸附过滤：木材、煤炭、果壳、动物骨等含碳量极高的物质能吸附海水中的蛋白质、微量元素、色素、异味，连臭氧的分子也能被它吸收，鱼儿的尿液、水中的微藻以及药物也都能被它吸附掉。

因为硝化细菌必须生活在有流动的水的滤棉、玻璃环或底砂里，所以过滤器应该24小时保持开启状态。

连通器

上端开口，底部相通的容器叫连通器。其原理是：几个底部互相连通的容器，注入同一种液体，在液体不流动时连通器内各容器的液面总是保持在同一水平面上。连通器的原理可用液体压强来解释。若在U形玻璃管中装有同一种液体，在连通器的底部正中设想有一个小液片AB。假如液体是静止不流动的，左管中的液体对液片AB向右侧的压强一定等于右管中的液体对液片AB向左侧的压强。因为连通器内装的是同一种液体，左右两个液柱的密度相同，根据液体压强的公式$p=\rho gh$可知，只有当两边液柱的高度相等时，两边液柱对液片AB的压强才相等。因此，在液体不流动的情况下，连通器各容器中的液面应保持相平。

连通器的性质是：两端开口或相通的目的其实是防止大气压强对液面的干扰，如果把连通器里的液体都看成一个整体，那么同一深度压强相同时才会静止，如果同一深度压强不同，液体会向低压的地方流动直到平衡。但是，如果某一个液面被施加了一个额外的力，这个位置的液体压强就会叠加（如果液体上方有气体，就是叠加气体的压强）。为了保证两个（或多个）液面施加的是同一个大气压强,要两端开口。其实,如果把整个连通器封闭也可以,不过两个液面上方的空气必须连通(就好比把两个连通器对接并密封)。

把一根橡皮管两端举起不让液体出来就是连通器,把两头对接在一起变成一个环也是连通器。

连通器在生产实践中有着广泛的应用,如水渠的过路涵洞、牲畜的自动饮水器、锅炉水位计,以及日常生活中所用的茶壶、洒水壶等都是连通器,如图30(上)所示。世界上最大的人造连通器是三峡船闸,如图30(下)所示。

生活中的实例:

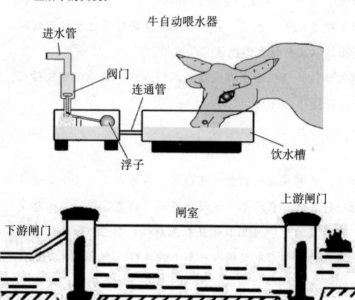

图30

讨论:连通器的特点是什么?连通器内装水时,水面为什么是相平的?

3. 设计制作

(1)选择合适的器材。

透明塑料瓶子3~4个、热熔胶枪一把、5W抽水机一台、塑料胶管2m、碎石若干、过滤棉一块、高密度棉一块、多孔陶瓷环若干、胶管弯头两个、透明塑料方盒子一个、塑料隔板若干块等，如图31所示。

透明塑料瓶子3~4个　　　　　　　　　　过滤棉一块

5W抽水机一台　　　　　胶管弯头两个　　　　　碎石若干

热熔胶枪一把　　　　　高密度棉一块　　　　　多孔陶瓷环若干

外高:12.5cm　外宽:22cm　外长:30cm

塑料胶管2m　　　　　透明塑料方盒子　　　　塑料隔板若干块

图31

（2）设计方案。

鱼缸过滤系统不仅要求具有过滤功能，还要求具有培养硝化细菌的作用。

因此，过滤系统要具备一定的储水功能。本项目刚好用到连通器，连通器可以在U形弯道存储一定量的水，刚好符合培养硝化细菌的要求。这也是本项目基于连通器而制成的过滤系统。

设计过滤水质时，考虑到水中有不同尺寸的垃圾，所以要用不同密度的过滤棉：①大尺寸的鱼粪可以用第一级过滤的过滤棉过滤；②小尺寸的浮游垃圾可以用第二级过滤的高密度棉过滤；③更小尺寸的垃圾可以用第三级过滤的活性炭吸附，此外活性炭还可以吸附水中有颜色的物质，让水质不会变黄；④经过三个等级的过滤，水压变小了，流速变慢了，这个位置可以培养硝化细菌，因此在第四级过滤的位置填充陶瓷环、珊瑚石、火山石、细菌球等，培养硝化细菌，分解水中鱼粪带来的细菌，净化水质；⑤最后一级过滤可以放一些小碎石和活性炭，种上绿萝等水生生物，不仅可以吸收水中的营养物质，还可以达到美观的效果！

初步设计鱼缸过滤系统，如图32所示，小组内讨论和优化方案，互动评价方案的优缺点，画出最优的设计图。

图32

制作步骤：

_____

_____

（3）制作。

根据你设计的方案，请自行分解制作的步骤。基本的制作流程如下（具体步骤自行设计）：

① 准备好器材。

② 按照设计好的图纸制作实物。

③ 实测检验成品的功能。

④ 排除现实生活中可能出现的故障，确保安全。

4. 测试评价

（1）测试。

① 通过实际过滤操作，检测过滤后水质的效果：还有没有大颗粒垃圾？水会不会发黄？

② 操作过程中，过滤系统的水压是否符合要求，能否持续供水？

③ 过滤瓶子出水的速度与抽水的速度能否达到平衡？有没有水从瓶子里溢出？

④ 过滤系统有没有增氧功能？

（2）评价。

① 从验证结果分析，你设计的过滤系统能否实现预想的过滤功能呢？

② 从美学的角度看，你设计的鱼缸过滤系统是否美观，是否具有较高的观赏价值？

③ 如果要求更换过滤棉的操作更加简单，你有哪些好的建议和改进？

5. 优化拓展

（1）优化。

改进1：把过滤的瓶子改为方盒子，在方盒子内设计出连通器结构，如图33所示。

图33

改进2：在方盒子上的最后一级种植水生盆栽，提高观赏价值，如图34所示。

图34

（2）拓展。

学习完本课例，你觉得鱼缸过滤系统还有哪些可以优化的呢？

五、课外阅读

更多的鱼缸过滤知识，可以查阅以下网址：https：//baike.baidu.com/item/鱼缸过滤器/1721045？fr=aladdin。

简易气压计的制作与检验

一、课程背景

本项目是一个课外实践的拓展性研究，要求学生在学习人教版《物理》八年级下册第九章第3节《大气压强》的内容后，依据大气压的特点，利用身边一些可回收的材料，设计、制作一个简易的气压计，并实测检验其效果。

二、学习目标

1. 科学（S）

（1）知道测量大气压的几种工具，并了解其工作原理。

（2）学会制作简易气压计所用到的转换法和放大法。

（3）知道大气压与高度的关系，并用所做的简易气压计验证。

2. 技术（T）

（1）掌握简易气压计的制作和使用技能。

（2）知道模拟增压和减压的方法，掌握检验自制气压计的技能和方法。

3. 工程（E）

（1）了解自制气压计涉及的材料和数量。

（2）学会根据身边的可回收利用材料，制作简易气压计，体验工程设计的一般过程。

4. 艺术（A）

根据气压计的形状和人们使用的习惯和爱好，进行美化设计。

5. 数学（M）

根据大气压产生的原因，掌握大气压与高度之间的逻辑关系，并描绘其变化图像。

三、学习时长

建议1～2课时。

四、学习内容

1. 任务驱动

人体感觉自然环境舒适的条件包括温度、湿度和气压。这三个要素与我们的健康息息相关。因此，我们经常会测量和关注温度、湿度、气压这三个量。其中，测量大气压有多种工具，如金属盒气压计（无液气压计）、水银气压计等。那么，利用身边的一些可回收的物品，你可以自制一个气压计吗？原理是什么？如图35所示。

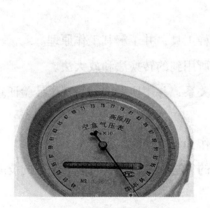 

无液气压计　　　　　　　水银气压计

图35

任务：设计和制作一个简易气压计，并实践检测其效果。

要求：

（1）气压计要有基本读数，如刻度大小等。

（2）实验室模拟气压高低检测其效果，并得到不同楼层高度的实践验证。

2. 支架学习

阅读（资料）：

气压计

气压计是根据托里拆利（Evangelista Torricelli，1608~1647）的实验原理而制成，用以测量大气压强的仪器。

气压计的种类有水银气压计及无液气压计。其用途是：可预测天气的变化，气压高时天气晴朗；气压降低时，将有风雨天气出现。可测高度。每升高12米，水银柱即降低大约1毫米，因此可测山的高度及飞机在空中飞行时的高度。

水银气压计

水银气压计是利用托里拆利管来测定大气压的一种装置。玻璃管底部的水银槽用一个皮囊所代替，并附有可以调准的象牙针使其指示水银面，叫作"福廷式水银气压计"，在玻璃管外面加一个金属护套，套管上刻有量度水银柱高度的刻度尺。在水银槽顶上另装一只象牙针，针尖正好位于管外刻度尺的零点，另用皮袋作为水银槽底。使用时，轻转皮袋下的螺旋，使槽内水银面恰好跟象牙针尖接触（与刻度尺的零点在一水平线上），然后由管上刻度尺读出水银柱的高度。此高度示数即当时当地大气压的大小。另外，还有不需调准象牙针的观测站用气压计、可测低气压山岳用的气压计，以及对船的摇动不敏感的航海用气压计。

大气压强不同，支持的水银柱的高度不同，根据$p=\rho_{水银}gh$，计算出的压强就等于大气压强。制造气压计时这个计算结果标到气压计上，通过水银面对准的刻度，就可以知道气压的大小了！

无液气压计

无液气压计是气压计的一种，最常见的是金属盒气压计。它的主要部分是一种波纹状表面的真空金属盒。为了不使金属盒被大气压压扁，用弹性钢片向外拉着它。大气压增加，盒盖凹进去一些；大气压减小，弹性钢片就把盒盖拉起来一些。盒盖的变化通过传动机构传给指针，使指针偏转。从指针下面刻度

盘上的读数，可知道当时大气压的值。

它使用方便，便于携带，但测量结果不够准确。如果在无液气压计的刻度盘上标的不是大气压的值，而是高度，就成了航空及登山用的高度计。

讨论：你知道托里拆利实验吗？托里拆利是怎样测量大气压的？大气压与高度的关系是什么？

3. 设计制作

（1）选择合适的器材。

玻璃瓶一个、细透明吸管一根、热熔胶枪一支、超大的可开盖的塑料瓶一个、气球一个、红墨水一瓶、金属盒气压计一个、小刀一把、签字笔一支，如图36所示。

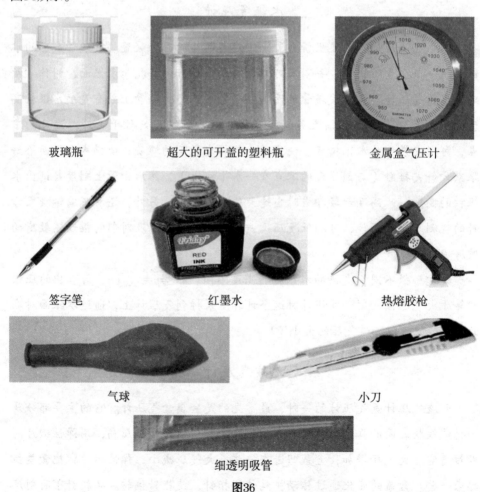

图36

（2）设计方案。

制作简易的气压计时，可借鉴教科书中的图。选择一个合适的玻璃瓶，插入一根细透明吸管，密封住瓶口。然后向吸管中吹气，等到吸管内的水柱稳定，不再上升的时候，此时的水柱高度就对应当时位置的大气压。原因是：瓶内密封的气体压强是固定不变的，这个气压可以支撑外大气压与液体柱液压。当这个装置移到高楼层时，外大气压减小，在瓶内气压不变的情况下，水柱的高度就会增加。因此，外大气压变小时，装置的水柱高度会变高。只要把每次测量的大气压值对应的水柱高度刻在吸管上，就可以读数了，如图37所示。

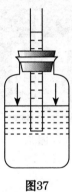

图37

制作步骤：

_____

_____

_____

（3）制作。

根据设计的方案，制作一个简易的气压计，然后实测检验一下这个气压计。

① 准备好器材。

② 按照设计好的图纸制作简易气压计。

思考：要保证瓶内气压几乎不变，那么玻璃瓶应该选大一点的还是小一点的呢？透明吸管要细一点还是粗一点呢？

③ 检验气压计的性能。利用超大的可开盖的塑料瓶，把自制气压计装入其内，然后盖上盖子（盖子上自带一根粗的管子），把吹好的气球套在管子上，

如图38所示。用手挤压气球，模拟塑料瓶内气压增加，观看自制气压计水柱的高度是否增加；松开手，模拟塑料瓶内气压减小，观看自制的简易气压计的水柱高度是否减小。

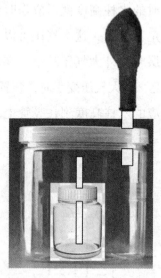

图38

4. 测试评价

（1）测试。

实际测试时，拿着自制的气压计和标准的无液气压计，通过电梯进入不同高度的楼层，看看气压计的水柱高度是否变化。注意：每次的楼层差要大一点，实验现象才明显。然后再读出无液气压计的示数，填在表11中，用于标注吸管上的刻度。

表11

次数 楼层	第一次（Pa）	第二次（Pa）	平均值（Pa）
1楼0m			
3楼6m			
5楼12m			
7楼18m			
9楼24m			

续表

次数 楼层	第一次（Pa）	第二次（Pa）	平均值（Pa）
11楼30m			
13楼36m			
15楼42m			
17楼48m			
19楼54m			
21楼60m			
23楼66m			
25楼72m			

描出大气压与楼高的图像，可知，大气压随着高度的增加而_____，如图39所示。

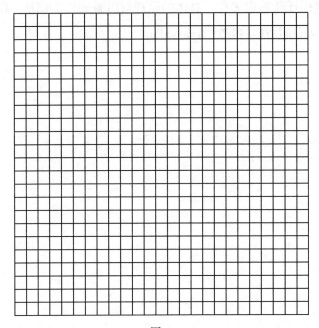

图39

（2）评价。

① 从验证结果分析，你设计的简易气压计能否实现预想的功能呢？

② 根据水柱高低来判断当时气压的大小时，水柱的高低不是很明显，你有

什么好方法呢？

③ 在性能检验时，用气球来改变超大塑料瓶内的气压，这种方法比较简单粗糙，你有什么好的方法吗？

5. 优化拓展

（1）优化。

改进1：用红墨水染红水，让水柱显示更明显。

改进2：把气球改成打气筒，打气时，瓶内气压增加；抽气时，瓶内气压减小。

（2）拓展。

学习完本课例，你能把气压大小的数据转化为数字，显示出来吗？

五、课外阅读

常见的气压计还有很多种，具体的原理可以查阅以下网址：https：//baike.baidu.com/item/气压计/1534975？fr=aladdin。

液压传动挖掘机

一、课程背景

本项目是一个拓展性课程，要求学生在学习人教版《物理》八年级下册第九章第2节《液体的压强》的内容之后，运用液体压强的特点、帕斯卡定律等相关知识与技能设计、制作一个简易的液压传动挖掘机。

二、学习目标

1. 科学（S）

（1）知道液体压强的特点。

（2）知道液压传动挖掘机的主要工作原理是帕斯卡定律。

2. 技术（T）

（1）如何进行挖掘机各部分的连接与固定？

（2）如何匹配不同注射器与挖掘机各部分的功能？

3. 工程（E）

（1）如何利用硬纸板设计挖掘机模型？

（2）如何用注射器控制挖掘机各部分的运作？

（3）如何对挖掘机整体稳定性进行设计？

4. 艺术（A）

如何把注射器巧妙地内藏于挖掘机纸板模型中，使作品具备使用性和美观性？

5. 数学（M）

设计挖掘机模型纸板各部分的参数。

三、学习时长

建议2～3课时。

四、学习内容

1. 任务驱动

液压挖掘机是一种多功能机械，被广泛应用于水利工程、交通运输、电力工程和矿山采掘等机械施工中，它在减轻繁重的体力劳动、保证工程质量、加快建设速度以及提高劳动生产率方面起着十分重要的作用。

你了解液压挖掘机的工作原理吗？你能制作一个简易的液压挖掘机吗？

任务：利用注射器设计、制作一个简易液压传动挖掘机。

要制作这样的简易液压挖掘机，我们首先要思考和解决的问题有：

（1）液压传动挖掘机的工作原理是什么？

（2）制作简易液压传动挖掘机需要什么材料？

（3）如何设计、制作一个可以进行简单运作的液压传动挖掘机？

2. 支架学习

阅读（资料）：

研究液体内部的压强

（1）如图40所示，把探头放进盛水的容器中，看看液体内部是否存在压强。保持探头在水中的深度不变，改变探头的方向，看看液体内部同一深度各方向的压强是否相等。

（2）增大探头在水中的深度，看看液体内部的压强与深度有什么关系。

（3）换用不同的液体（如酒精、硫酸铜溶液），看看在深度相同时，液体内部的压强是否与液体的密度有关，如图40所示。

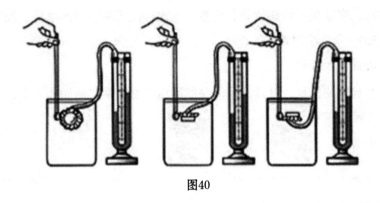

图40

液体内部压强的大小具有这样的特点：在液体内部的同一深度，向各个方向的压强都相等；深度越深，压强越大；液体内部压强的大小还跟液体的密度有关，在深度相同时，液体的密度越大，压强越大。

帕斯卡定律

帕斯卡定律是流体静力学的一条定律。它指出，不可压缩静止流体中任一点受外力产生压强增值后，此压强增值瞬时传至静止流体各点，如图41所示。人们利用这个定律设计并制造了水压机、液压驱动装置等流体机械。

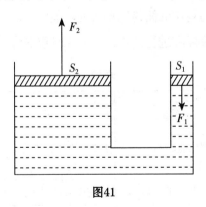

图41

讨论：如何利用两个注射器进行液压传动?

3. 设计制作

利用注射器设计一个可以简单运作的液压传动挖掘机（模型，下同）。

（1）选择合适的器材。

注射器、废纸板、塑料软管、竹签、一次性压舌板、废旧电池、细铁丝、热熔胶、502胶水、尖嘴钳。

（2）设计制作方案。

根据你选取的器材，设计一个简易的液压传动挖掘机的制作方案，并将具体的操作步骤写下来。

制作步骤：

_____

_____

_____

（3）制作。

根据设计的方案，制作一个利用注射器工作的简易液压传动挖掘机。

4. 测试评价

（1）测试。

利用自制的简易液压传动挖掘机进行简单工作。（提示：使用模型测试其功能是否可用，设计表格，并记录，处理相关的结果数据。）

（2）评价。

① 展示并说明你们制作的简易挖掘机的功能。

② 根据表12的评价标准进行评价，比一比哪组制作得更好。

表12

要素＼等级	A	B	C
功能性（4分）	多个部位能转动（4分）	1~2个部分能转动（2分）	不能转动（0分）
能效性（4分）	能挖较多沙子（4分）	能挖少量沙子（2分）	挖不了沙子（0分）
稳定性（2分）	工作时不翻倒（4分）	工作时手轻扶不倒（2分）	一动就倒（0分）

③ 将产品的优点和不足记录下来。

5. 优化拓展

（1）优化。

根据分享的经验，改进你的挖掘机，使其更符合模型制作的要求。

（2）拓展。

帕斯卡定律与液压机

1653年，法国科学家B.帕斯卡发现：封闭在容器中的静止流体能够将加在它上面的压强大小不变地向各个方向传递。后来，人们把这一结论称之为帕斯卡定律。

根据帕斯卡定律，人们制成了液压机。液压机的结构示意图如图42所示。在一个密闭的液缸内密封有一定量的液体（如油或水），有大小两个活塞，其中小活塞的横截面积为S_1，大活塞的横截面积为S_2，当小活塞给液体施加向下的压力F_1时，产生的压强$p_1 = \dfrac{F_1}{S_1}$，根据帕斯卡定律，液体会将该压强传递给大活塞，即在大活塞上产生大小与p_1相等的压强p_2，产生的压力为F_2，则有$p_2 = \dfrac{F_2}{S_2}$，即有$\dfrac{F_1}{S_1} = \dfrac{F_2}{S_2}$ 或 $\dfrac{F_2}{F_1} = \dfrac{S_2}{S_1}$。

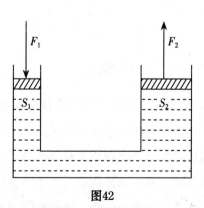

图42

也就是说，如果大活塞面积是小活塞面积的多少倍，那么液体作用于大活塞上的力将为小活塞对液体压力的多少倍。可见，液压机的特点就是能够将较

小的力通过液体"放大"。

　　液压机的用途很广，如运用液压"千斤顶"可以施加较小的力轻松地举起很重的卡车；制造能产生巨大压力的水压机，可以将铁块像揉面团一样进行锻压；也可以对金属、塑料、橡胶、木材、粉末等物品进行冲压、矫正、压装、打包、压块和压板等操作，满足人们的需求。图43是一个液压千斤顶的结构示意图。

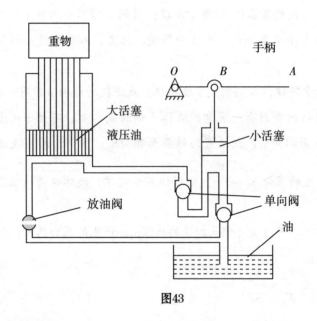

图43

五、课外阅读

液压传动

　　液压传动是指以液体为工作介质进行能量传递和控制的一种传动方式。在液体传动中，液压传动根据其能量传递形式不同，又分为液力传动和液压传动。液力传动主要是利用液体动能进行能量转换的传动方式，如液力耦合器和液力变矩器。液压传动是利用液体压力能进行能量转换的传动方式。在机械上采用液压传动技术，可以简化机器的结构，减轻机器质量，减少材料消耗，降低制造成本，减轻劳动强度，提高工作效率和工作的可靠性。

　　我国的液压工业开始于20世纪50年代，其产品最初只用于机床和锻压设备,后来才用到拖拉机和工程机械上。自从1964年从国外引进一些液压元件生产技术,并自行设计液压产品以来,我国的液压件已在各种机械设备上得到了广泛的使用。20世纪80年代起更加速了对先进液压产品和技术的有计划引进、消化、吸收和国产化工作,以确保我国的液压技术能在产品质量、经济效益、研究开发等各个方面全方位地赶上世界先进水平。

当前,液压技术在实现高压、高速、大功率、高效率、低噪声、经久耐用、高度集成化等各项要求方面都取得了重大的进展,在完善比例控制、伺服控制、数字控制等技术上也有许多新成就。此外,在液压元件和液压系统的计算机辅助设计、计算机仿真和优化以及微机控制等开发性工作方面,日益显示出其显著的优势。

听话的浮沉子

一、课程背景

本项目是一个拓展性课程，要求学生在学习人教版《物理》八年级下册第十章第3节《物体的浮沉条件及应用》的内容之后，运用物体浮沉条件、物体浮沉条件的应用（潜水艇）等相关知识与技能设计、制作一个听话的浮沉子。

二、学习目标

1. 科学（S）

（1）理解并掌握物体的浮沉条件。

（2）知道物体浮沉条件在生活、生产中的具体应用（潜水艇），并了解它们的主要工作原理。

（3）知道液体压强的特点。

2. 技术（T）

（1）如何对吸管进行一端封口？

（2）矿泉水瓶子应装多少水才能更容易完成测试指令？

3. 工程（E）

（1）如何给浮沉子配重，完成测试指令？

（2）如何设计让浮沉子能清晰地展示测试指令？

4. 艺术（A）

如何使听话的浮沉子具备使用性和美观性？

5. 数学（M）

设计吸管的尺寸规格，使其恰好能完成测试指令。

三、学习时长

建议1～2课时。

四、学习内容

1. 任务驱动

浮沉子是一种用来演示液体浮力、气体具有可压缩性以及液体对压强的传递的仪器，是法国科学家笛卡儿创造的，因此浮沉子也叫笛卡儿浮沉子。浮沉子可以根据人的指令完成上浮和下沉的指令，所以笛卡儿浮沉子也叫听话的浮沉子。

你了解听话的浮沉子的工作原理吗？你能制作一个听话的浮沉子吗？

任务：设计、制作一个听话的浮沉子。

要制作这样的浮沉子，我们首先要思考和解决的问题有：

（1）听话的浮沉子的工作原理是什么？

（2）制作听话的浮沉子需要什么材料？

（3）如何设计、制作一个听话的浮沉子？

2. 支架学习

阅读（资料）：

物体的浮沉条件

浸没在液体中的物体受到两个力：竖直向下的重力和竖直向上的浮力。根据物体所受浮力与重力大小的不同，物体的浮沉存在三种情况。你能画出图44中物体所处三种情况下的受力示意图吗？

通过分析可知，物体的浮沉条件如下：浮力大于重力时，物体上浮；浮力等于重力时，物体受力平衡，可以悬浮在液体内；浮力小于重力时，物体下沉。

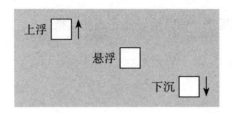

图44

潜水艇

潜水艇能潜入水下航行，进行侦察和袭击，是一种很重要的军用舰艇。潜水艇的艇身装有水舱，向水舱充水时，潜水艇变重，逐渐潜入水中。当水舱充水后潜水艇重等于同体积的水重时，它可以悬浮在水中；当用压缩空气将水舱里的水排出一部分时，潜水艇变轻，从而上浮。实际航行时，上浮和下潜过程中潜水艇总要开动推进器加快上浮和下潜的速度，如图45所示。

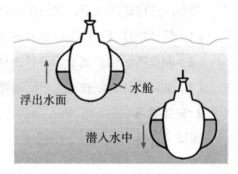

图45

讨论：潜水艇浸没在水中完成在上浮和下沉时，自身浮力变化吗？自身重力变化吗？浮沉子浸没在水中完成在上浮和下沉时，自身浮力变化吗？自身重力变化吗？

3. 设计制作

设计一个听话的浮沉子（模型，下同）。

（1）选择合适的器材。

矿泉水瓶、吸管、回形针、打火机、剪刀。

（2）设计制作方案。

根据你选取的器材，设计一个听话的浮沉子的制作方案，并将具体的操作步骤写下来。

制作步骤：

_____

_____

_____

（3）制作。

根据设计的方案，制作一个听话的浮沉子。

4. 测试评价

（1）测试。

根据口令上浮、下沉，测试浮沉子能否完成指示口令。

（2）评价。

① 展示并说明你们制作的听话的浮沉子。

② 根据表13的评价标准进行评价，比一比哪组制作得更好。

表13

要素 \ 等级	A	B	C
功能性（6分）	能完成上浮和下沉指令（6分）	只能完成上浮或下沉其中一个指令（3分）	不能完成上浮和下沉指令（0分）
清晰度（2分）	能清晰呈现浮沉子上浮和下沉的状态（2分）	浮沉子可以上浮和下沉，但不方便观察（1分）	浮沉子可以上浮和下沉，但完全观察不了（0分）
美观性（2分）	美观（2分）	较美观（1分）	不美观（0分）

③ 将产品的优点和不足记录下来。

5. 优化拓展

（1）优化。

根据分享的经验，改进你的听话的浮沉子，使其更符合模型制作的要求。

（2）拓展。

深海潜水器的潜水原理

2020年10月27日，我国的奋斗者号深潜器顺利坐底马里亚纳海沟，潜水深度突破万米。虽然潜水的地点还处于地球之上，但到达这么深的海底的人类的数目还没有到达月球的人类数目多，可见难度还是很大的。那么，深潜器是如何潜入这么深的海底的呢？

潜水艇是通过充入或排出海水来改变自身重力，从而实现浮沉的。那深潜器也是使用这种方法吗？不是的，海水越深压力越大，潜水艇一般最多在300m左右的海深活动，这里的海水压力在30个大气压左右。如果需要上浮将空气舱室的海水排出，打入空气舱室的空气压力就需要有30个大气压，现有设备可以做到。但是到万米深度，海水压力在1000个大气压左右，没有小型化的设备能将空气加压到这么大压力，也就无法用这种方式排出海水，让潜艇上浮了。

那深潜器是如何下潜上浮的呢？深潜器使用的是一次性手段，深潜器通过电磁铁吸附了大铁块，还有一部分铁砂放置在一个容器之中。这些总质量加起来之后使得深潜器的密度大于水，深潜器得以不断下沉。

深潜器可以通过控制倾倒容器中的铁砂来控制深潜器下沉的速度，当深潜器下沉到最低处需要上浮时，断开电磁铁的电，可以马上抛掉电磁铁吸附的铁块，深潜器可以快速上浮。使用电磁铁还有一个好处，那就是当深潜器遇到紧急情况，系统断电时，不需要任何操作，电磁铁因为断电会自动抛掉铁块，从而让深潜器快速上浮。

五、课外阅读

鱼靠什么上浮或下沉？

观点一：靠鱼鳔

当鱼想上浮时，它就胀大自己的鱼鳔，使自己的（平均）密度减小，这时在自身重力不变的情况下受到浮力增大，所以往上浮。相反，当鱼想下沉时，就缩小自己的鳔，使自己的密度增大，体积减小，受到浮力减小，所以往下沉。

听起来好像没有什么可疑之处，但是他们忽略了一点——鱼鳔的壁上没有能够主动改变自己体积的肌肉纤维。也就是说鱼不能主动改变自身体积而达到上浮或下沉的目的。那么，观点一所说的就是错误的了。那鱼是利用什么主动上浮或下沉的呢？

观点二：靠鱼鳍，而答案也正是鱼鳍

鱼可以停留在水中的某一深处（毋庸置疑）——鱼所排开水的重力等于鱼自身重力的深处。由于鱼不能主动胀大或缩小自己的鱼鳔，所以它想上浮或下沉时，只有用力挥动自己的鱼鳍使自己上浮或下沉了。当鱼鳍使自己上升时，它的身体受到水的压力减小，鱼的体积变大，在质量不变的情况下受到的浮力增大，所以鱼就上浮了。而越往上升受到的压力就越小，体积越大，受到浮力越大，升得越快。而鱼想停下来时也不能用压缩鱼鳔的方法来阻止这种趋势，因为我们刚才说过鱼鳔壁上没有能够主动改变自身体积的肌肉纤维，所以鱼只有再次挥动鱼鳍使自己向相反方向运动。

当鱼想下沉时，出现的情况和上浮时有些相似。鱼挥动鱼鳍使自己向下运动，离开了原先的平衡位置，受到的压力变大，体积变小，浮力变小，于是鱼就往下沉了，而且下沉的趋势越来越明显。

因此，鱼主动上浮或下沉不是靠一些人所认为的鱼鳔而是鱼鳍。但是鱼鳔的作用还是非常大的。失去鱼鳔的鱼就像失去翅膀的鸟和失去双腿的人一样行动不便。在上浮或下沉的过程中鱼鳔总要在外界环境改变时吸收或放出气体以达到与外界"平衡"的目的。鱼鳔是一个比重调节器官，但不是升降沉浮的运动器官，它仅能帮助升降，鱼的升降运动主要还是靠鳍和肌肉的运动。一般鱼类都是靠鳍，而一些无鳍类的鱼如泥鳅、黄鳝等则是靠肌肉来达到上浮或下沉的目的。

手摇式发电手电筒

一、课程背景

本项目是一个拓展性课程，要求学生在学习人教版《物理》九年级第二十章第5节《磁生电》的内容之后，运用电磁感应现象和发电机等相关知识与技能设计、制作一个简易的手摇式发电手电筒。

二、学习目标

1. 科学（S）

（1）知道电磁感应现象。

（2）掌握发电机的工作原理。

（3）掌握电流的磁效应。

2. 技术（T）

（1）如何用电烙铁对直流减速电机和LED灯进行连接？

（2）如何连接车轮与直流减速电机？

（3）如何对笔杆和车轮进行连接？

3. 工程（E）

（1）如何安排直流减速电机、LED灯、车轮以及笔杆的整体设计，使其在工作时保证整体的稳定性？

（2）如何更省力地用笔杆带动车轮？

4. 艺术（A）

如何使手摇式发电手电筒具备使用性和美观性？

5. 数学（M）

利用杠杆平衡条件，计算笔杆固定的位置。

三、学习时长

建议1~2课时。

四、学习内容

1. 任务驱动

普通的手电筒安上电池就能正常工作，如果没有电池，你能制作一个可以自己发电的手电筒吗？利用电磁感应以及发电机的相关知识，尝试制作一个手摇式发电手电筒。

你了解手摇式发电手电筒的工作原理吗？你能制作一个简易的手摇式发电手电筒吗？

任务：设计、制作一个手摇式发电手电筒。

要制作这样简易的手摇式发电手电筒，我们首先要思考和解决的问题有：

（1）手摇式发电手电筒的工作原理是什么？

（2）制作简易手摇式发电手电筒需要什么材料？

（3）如何设计、制作一个简易的手摇式发电手电筒？

2. 支架学习

阅读（资料）：

发电机怎样发电呢？

如图46所示，它是实验室用的手摇发电机。把一台手摇发电机与灯泡连接起来，使线圈在磁场中转动，可以看到灯泡会发光。这表明，电路中有了电流。如果把手摇发电机与电流表连接起来，线圈在磁场中转动时，可以看到电流表的指针随着线圈的转动而左右摆动。这个现象表明，发电机发出的电流的大小和方向是变化的。

图46

讨论：①观察模型式手摇发电机的构造，磁极是什么形状的？线圈是通过哪些装置和灯泡连接起来的？摇把是通过什么带动线圈转起来的？②如何改装直流减速电机，让其进行发电？

3. 设计制作

设计一个简易手摇式发电手电筒（模型，下同）。

（1）选择合适的器材。

直流减速电机、LED灯、车轮、笔杆、热熔胶、焊锡、电烙铁。

（2）设计制作方案。

根据你选取的器材，设计一个简易手摇式发电手电筒的制作方案，并将具体的操作步骤写下来。

制作步骤：

_____

_____

_____

（3）制作。

根据设计的方案，制作一个简易的手摇式发电手电筒。

4. 测试评价

（1）测试。

利用自制的简易手摇式发电手电筒在较暗的环境下进行测试。

（2）评价。

①展示并说明你们制作的简易手摇式发电手电筒。

②根据表14的评价标准进行评价，比一比哪组制作得更好。

表14

要素 \ 等级	A	B	C
效果性（6分）	能正常发光（6分）	发光非常微弱（3分）	无法发光（0分）
稳定性（2分）	摇动时整体能保持稳定（2分）	摇动时整体较稳定（1分）	摇动时整体不稳定（0分）
美观性（2分）	美观（2分）	较美观（1分）	不美观（0分）

③将产品的优点和不足记录下来。

5. 优化拓展

（1）优化。

根据分享的经验，改进你的手摇式发电手电筒，使其更符合模型制作的要求。

（2）拓展。

无线充电技术——电磁感应

每次要帮手机、电脑，或者其他各种电器充电时，总是要接一条充电线，充电线一多，还常常接错，实在非常麻烦。幸好，现在越来越多的电子产品开始使用无线充电技术了！只要优雅地将手机放在一个小小的、像杯垫一样的东西上面，不必接线就能轻松充电，这背后有什么原理呢？让我们一起来探究其中的奥妙吧。

一般见到的无线充电运用的都是电流磁效应和电磁感应的原理。1819年，丹麦科学家奥斯特观察到一段导线如果通有电流，四周就会产生磁场，可以让指北针偏转。后人则进一步发现，将导线围成环状，甚至绕成线圈，产生的磁场将会更强、更集中，这称为电流磁效应。

至于电磁感应，则是在1831年由法拉第发现的。让一块磁铁或其他的磁场来源靠近一段没有电流的线圈，线圈上就会产生感应电流，称为电磁感应。值得注意的是，电磁感应的成立要点是磁场要有变化，如磁铁越来越靠近（越来越远离其实也可以）。外加磁场若是一直保持不变，是不会有感应电流的。

总而言之，电流磁效应就是电流的流动在四周产生磁场，电磁感应则是不断变化的外加磁场使线圈产生感应电流。

这两种物理现象同时运用，就可以进行无线充电。目前的无线充电设备都包含一个充电座，里面其实正是线圈。将充电座接到家用插头后，线圈周围会因为电流磁效应而产生磁场。要充电的电子产品里面也都有一个线圈，当它靠近充电座时，充电座的磁场将通过电磁感应，在电子产品的线圈上产生感应电流。感应电流导引到电池，就完成了充电座和电子产品间的无线充电。

你可能会问，磁场不是要改变才能有电磁感应吗？可是充电座与充电的对象距离却始终保持不变，这样为何会有电磁感应呢？原来，家用插座中流出的电是交流电，也就是说电流的方向是不断交替变化的，一会儿顺着流，一会儿反着流。正因为如此，充电座线圈产生的磁场随之不断变换方向，并非保持不变，符合电磁感应的要件。

近年来越来越多智慧型手机、平板电脑开始提供无线充电的功能。但不幸的是，它们充电的时候，只要离充电座的距离稍远一些，充电效率就会明显下降。即便是最新的技术，充电距离也不能超过5厘米。事实上，目前绝大部分可以无线充电的行动装置，都是要完全平放在充电座上才能充电的，和想象中随走随充的无线充电仍有差别。

五、课外阅读

无线充电种类及优缺点

随着无线充电技术的市场迅速升温，很多人对无线充电非常关注。目前市场主流的无线充电有以下三种：

第一种Qi标准的无线充电，也就是磁感应技术无线充电。该无线充电的技术原理是给初级线圈一定频率的交流电，通过电磁感应在次级线圈中产生一定的电流，从而将能量从传输端转移到接收端。此原理与电力系统中常用的变压器原理类似：在变压器的原边（初级线圈）通入交变电流，副边（次级线圈）

会由于电磁感应原理感应出电动势，若副边电路连通，即可出现感应电流，这样就可以实现电能从发射线圈到接收线圈的无线传输。目前，此种传递电能的方式已广泛应用于小功率、短距离的无线充电市场，如电动牙刷、手机、相机等小型便携式电子设备，一般由充电底座对其进行无线充电。电能发射线圈安装在充电底座内，接收线圈则安装在电子设备中。

第二种是磁共振无线充电，也就是用谐振器件使发射端和接收端达到相同的频率，达到磁场共振，满足能量交换。它需要发射和接收两个共振系统，可分别由感应线圈制成。通过调整发射频率使发射端以某一频率振动，其产生的不是弥漫于各处的普通电磁波，而是一种非辐射磁场，即把电能转换成磁场，在两个线圈间形成一种能量通道。接收端的固有频率与发射端频率相同，因而发生了共振。随着每一次共振，接收端感应器中都会有更多的电压产生。经过多次共振，感应器表面就会集聚足够的能量，这样接收端在此非辐射磁场中接收能量，从而完成了磁能到电能的转换，实现了电能的无线传输。

第三种是射频技术。国内外出现这样的技术都非常吸引人眼球，这大概就是梦寐以求的无线充电。我们都知道电磁波可以用来传递信息，那么理论上，只要频率够高，也可以传输能量。这种无线充电方式或许才最接近人们想象中无线充电的样子：在电源处安置一个电磁波发生器，再通过发射天线将能量传输至接收天线，再将电磁波信号重新转换成电能供设备使用。但是，这种电力传输方式也有明显的弱点，如电磁波受干扰大、传输效能低、对人体有辐射等。

三种技术都有其自身的优缺点：

第一种：磁感应技术，优点为充电效率高（手机充电效率在80%以上）；缺点是充电距离短，需要紧贴着发射板充电，并且在充电时需要对准才能充电。代表厂商有苹果、三星、诺基亚、索尼等。

第二种：磁共振技术，相对于磁感应技术来说充电距离远（手机充电转换率目前能达到7cm），充电面积大，且可以随放随充；缺点则是充电效率略低，目前最高为70%左右。代表厂家有高通、WiTricity等。

第三种：射频技术。前面提到，射频技术最大的优点就是充电距离远，但是其缺点也非常明显。其一为辐射，其二为转换效率非常低下。

照相机模型

一、课程背景

本项目是一个拓展性课程，要求学生在学习人教版《物理》八年级上册第五章第2节《生活中的透镜》的内容之后，运用照相机的工作原理、凸透镜成像规律及原理等相关知识与技能设计、制作一个简易的照相机模型。

二、学习目标

1. 科学（S）

（1）掌握凸透镜成像规律。

（2）掌握照相机的工作原理。

2. 技术（T）

（1）如何进行纸皮之间的连接？

（2）如何进行纸皮和凸透镜之间的连接？

3. 工程（E）

（1）如何利用纸皮设计照相机模型的外壳？

（2）如何设计使镜头可以前后移动，并能在半透明膜上成清晰的像？

4. 艺术（A）

如何使照相机具备使用性和美观性？

5. 数学（M）

设计纸皮的尺寸规格，使其恰好能组成一个外形美观的照相机模型。

三、学习时长

建议1～2课时。

四、学习内容

1. 任务驱动

光阴留不住的景色，照相机可以留住，为我们随手记录生活中每一幕。随着科技和生活水平的提高，近年来我国刮起了一股摄影热潮，各种类型的照相机为普通百姓提供了更多选择。

你了解照相机的工作原理吗？你能制作一个简易的照相机模型吗？

任务：设计、制作一个照相机模型。

要制作这样简易的照相机模型，我们首先要思考和解决的问题有：

（1）照相机的工作原理是什么？

（2）制作简易照相机模型需要什么材料？

（3）如何设计、制作一个可以成像的照相机模型？

2. 支架学习

阅读（资料）：

照相机的工作原理

仔细观察照相机，你会发现所有照相机的前面都有一个镜头。镜头是由一组透镜组成的，相当于一个凸透镜。来自物体（人或景物）的光经过照相机镜头后会聚在胶片上，形成被照物体的像。照相时，物体离照相机镜头比较远，像是缩小、倒立的。早期的照相馆里，摄影师取景时看到的像就是缩小、倒立的。现在的照相机利用光学或电子技术，把倒立的像转变成正立的，以便于观察，如图47所示。

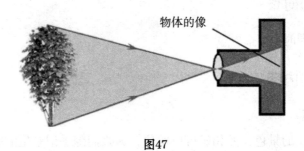

物体的像

图47

讨论：照相机工作时利用凸透镜成像规律中的哪一条规律？所以在设计照相机模型时应如何设计照相机暗箱的大小？

3. 设计制作

设计一个简易的照相机（模型，下同）。

（1）选择合适的器材。

纸皮、尺子、笔、半透明膜、凸透镜、热熔胶。

（2）设计制作方案。

根据你选取的器材，设计一个简易照相机的制作方案，并将具体的操作步骤写下来。

制作步骤：

_____

_____

_____

（3）制作。

根据设计的方案，制作一个简易的照相机。

4. 测试评价

（1）测试。

利用自制的简易照相机进行测试。

（2）评价。

① 展示并说明你们制作的照相机。

② 根据表15的评价标准进行评价，比一比哪组制作得更好。

表15

要素＼等级	A	B	C
效果性（6分）	能在半透明膜上看到清晰的成像（6分）	能在半透明膜上看到成像，但不清晰（3分）	半透明膜上无法看到成像（0分）
稳定性（2分）	镜头容易前后移动（2分）	镜头不容易前后移动（1分）	镜头无法前后移动（0分）
美观性（2分）	美观（2分）	较美观（1分）	不美观（0分）

③将产品的优点和不足记录下来。

5. 优化拓展

（1）优化。

根据分享的经验，改进你的照相机，使其更符合模型制作的要求。

（2）拓展。

单反照相机的成像原理

一个黑色不透光的四方盒子，在某一面挖一个小洞，外面隔一定距离放一只燃烧的蜡烛。那么在盒子内，有小孔的对立面就会呈现一个倒立的蜡烛的影像，如图48所示。

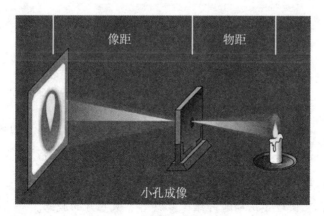

图48

这就是单反照相机的成像原理——小孔成像。

在反光板的后面，是机身的核心——图像感应器（CCD/类似胶卷）。在默认的情况下，也就是在按下快门（开始曝光）之前，反光板是挡在CCD前面的，也就是摘下镜头是看不到的。当按下快门的时候，反光板会向上抬起呈水平状态。我们知道光线在没有阻挡物的时候，是沿直线传播的。那么，当反光板抬起时，光线就会继续前行，到达CCD并成像。

五、课外阅读

照相机的发展史

照相机发展的第一阶段：1839—1924年。

1839年，法国的达盖尔制成了第一台实用的银版照相机，它由两个木箱组成，把一个木箱插入另一个木箱中进行调焦，用镜头盖作为快门，来控制长达30min的曝光时间，能拍摄出清晰的图像。

1841年，光学家沃哥兰德发明了第一台全金属机身的照相机。该相机安装了世界上第一只由数学计算设计出的、最大相孔径为1∶3.4的摄影镜头。

1845年，德国人冯·马腾斯发明了世界上第一台可摇摄150°的转机。

1849年，戴维·布鲁司特发明了立体照相机和双镜头的立体观片镜。

1860年，英国的萨顿设计出带有可转动的反光镜取景器的原始的单镜头反光照相机。

1861年，物理学家马克斯威拍摄出了世界上第一张彩色照片。

1862年，法国的德特里把两只照相机叠在一起，一只取景，一只照相，构成了双镜头照相机的原始形式。

1880年，英国的贝克制成了双镜头反光照相机。

1866年，德国化学家肖特与光学家阿具在蔡司公司发明了钡冕光学玻璃，产生了正光摄影镜头，使摄影镜头的设计制造得到迅速发展。

1871年，出现了用溴化银感光材料涂制的干版。

1884年，又出现了用硝酸纤维（赛璐珞）做基片的胶卷。

1888年，美国柯达公司生产出了新型感光材料——柔软、可卷绕的"胶卷"。

1906年，美国人乔治·希拉斯首次使用了闪光灯。

1913年，德国人奥斯卡·巴纳克研制出了世界上第一台135照相机。

照相机发展的第二阶段：1925—1938年。

1931年，德国的康泰克斯照相机已装有运用三角测距原理的双像重合测距器，提高了调焦准确度，并首先采用了铝合金压铸的机身和金属幕帘快门。

1935年，德国出现了埃克萨克图单镜头反光照相机，使调焦和更换镜头更加方便，使照相机曝光更准确。

1938年，柯达照相机开始装用硒光电池曝光表。

照相机发展的第三阶段：1939年以后。

1947年，德国开始生产康泰克斯S型屋脊五棱镜单镜头反光照相机，使取景器的像左右不再颠倒，并将俯视改为平视调焦和取景，使摄影更为方便。

1956年，联邦德国首先制成自动控制曝光量的电眼照相机。1960年以后，照相机开始采用电子技术，出现了多种自动曝光形式和电子程序快门；1975年以后，照相机的操作开始实现自动化。

1960年，宾得推出的PENTAXSP照相机问世，开创了照相机TTL自动测光技术。

1971年，宾得公司的SMC镀膜技术申请了专利，并应用SMC技术开发生产出了SMC镜头，使得镜头在色彩还原和亮度以及消除眩光和鬼影两方面都得到了极大改善，从而显著提高了镜头品质。

1969年，CCD芯片作为照相机感光材料在美国的阿波罗登月飞船上搭载的照相机中得到应用，为照相感光材料电子化打下了技术基础。

1981年，索尼公司经过多年研究，生产出了世界第一款采用CCD电子传感器做感光材料的摄像机，为电子传感器替代胶片打下了基础。紧跟其后，松下、Copal、富士，以及美国、欧洲的一些电子芯片制造商都投入了CCD芯片的技术研发，为数码相机的发展打下了技术基础。

1987年，采用CMOS芯片做感光材料的照相机在卡西欧公司诞生。

2018年9月，世界海关组织协调制度委员会第62次会议做出决定，将无人机归类为"会飞的照相机"。

类3D影像投影装置

一、课程背景

本项目是一个拓展性课程，要求学生在学习人教版《物理》八年级上册第四章第2节《光的反射》和第3节《平面镜成像》的内容之后，运用光的反射定律、平面镜成像特点及原理等相关知识与技能设计、制作一个简易的类3D影像投影装置。

二、学习目标

1. 科学（S）

（1）掌握光的反射定律。

（2）知道平面镜成像的特点。

（3）了解平面镜成像的原理，知道平面镜成的是虚像。

2. 技术（T）

（1）如何进行透明塑料片的连接与固定？

（2）如何将四棱台固定在黑色边框中？

3. 工程（E）

（1）如何利用透明塑料片设计一个四棱台？

（2）如何利用黑色硬卡纸制作类3D影像投影装置的边框，使其整体呈现长方体的形状？（整体稳定性的设计）

4. 艺术（A）

如何使类3D影像投影装置具备使用性和美观性？

5. 数学（M）

设计透明塑料板的尺寸规格，使其恰好能组成一个四棱台。

三、学习时长

建议1～2课时。

四、学习内容

1. 任务驱动

近年来3D投影技术已经融入现实社会，给人们带来了全新的视觉体验，呈现亦真亦幻的虚拟影像世界。3D投影技术满足了人们对于视听体验的高度要求，得到越来越多行业的肯定及选择，类3D投影技术开始广泛应用于生活中。

你了解类3D影像投影装置的工作原理吗？你能制作一个简易的类3D影像投影装置吗？

任务：设计、制作一个类3D影像投影装置。

要制作这样的简易类3D影像投影装置，我们首先要思考和解决的问题有：

（1）类3D影像投影装置的工作原理是什么？

（2）制作简易类3D影像投影装置需要什么材料？

（3）如何设计、制作一个可以播放立体动画影像的类3D影像投影装置？

2. 支架学习

阅读（资料）：

平面镜成虚像

实验中，平面镜后面并没有点燃的蜡烛，但是，我们却看到平面镜后面好像有烛焰。这是为什么？

如图49所示，光源S向四处发光，一些光经平面镜反射后进入了人的眼睛，引起视觉。由于有光沿直线传播的经验，人会感觉这些光好像是从进入人眼光线的反向延长线的交点 S' 处发出的。S' 就是S在平面镜中的像。

由于平面镜后并不存在光源 S'，进入眼睛的光并非真正来自 S'，所以把 S' 叫作虚像（virtual image）。

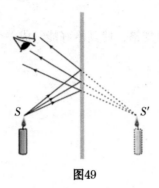

图49

讨论：①平面镜与视频播放面的夹角是多少，才能让所成虚像垂直于视频播放面？②要用至少多少个平面镜才能让一个动画在四个侧面看起来是立体的呢？

3. 设计制作

设计一个播放立体动画影像的类3D影像投影装置（模型，下同）。

（1）选择合适的器材。

薄塑料片（幻灯胶片）、白纸、黑色硬卡纸、尺子、油性笔、透明纸、手机（或平板电脑）。

（2）设计制作方案。

根据你选取的器材，设计一个简易的类3D影像投影装置的制作方案，并将具体的操作步骤写下来。

制作步骤：

_____

_____

_____

（3）制作。

根据设计的方案，制作一个简易的类3D影像投影装置。

4. 测试评价

（1）测试。

在网上选取一段类3D影像投影的视频，利用自制的简易类3D影像投影装置在较暗的环境下进行播放测试。

（2）评价。

① 展示并说明你们制作的类3D影像投影装置。

② 根据表16的评价标准进行评价，比一比哪组制作得更好。

表16

等级 要素	A	B	C
效果性（6分）	能看到清晰的立体动画（6分）	影像轻微错位，但仍能看到立体动画（3分）	影像严重错位，观看效果不佳（0分）
稳定性（2分）	装置能放置在桌面上不倾倒（2分）	装置容易轻微晃动（1分）	装置极易倾倒（0分）
美观性（2分）	美观（2分）	较美观（1分）	不美观（0分）

③ 将产品的优点和不足记录下来。

5. 优化拓展

（1）优化。

根据分享的经验，改进你的类3D影像投影装置，使其更符合模型制作的要求。

（2）拓展。

佩伯尔幻象

佩伯尔幻象是一种光学错觉技术，英文名为"Pepper's Ghost"。对其最早的描述可以追溯到16世纪的一位意大利科学家，而它的名称则是来自19世纪的英国人John Pepper，因为他最早将其应用到舞台表演艺术上。

佩伯尔幻象距今有100多年的历史了，就是利用一块半透明半反光的玻璃使物体在镜子中成虚像，又因为是半透明的玻璃，所以又可以看到玻璃后的景物，所以感觉产生了幻觉。

图50

如图50所示，观众们看到了舞台上出现的虚拟影像，没有看到舞台上藏着一块透明玻璃和舞台下面的真实表演。灯光打在真实表演者身上，透过玻璃映射到舞台上的特定区域。因为早期的灯光不是很强，所以观众看到的影像亮度低，就像鬼影一样。而如今在搭配了计算机动画技术和高亮度灯光之后，佩珀尔幻象表演可以做到栩栩如生、惟妙惟肖。

近年来，很多舞台呈现方式中都采用了佩伯尔幻象，如中国G20杭州峰会"最忆是杭州"文艺演出，其中《天鹅湖》《月光》和《我和我的祖国》这三个节目就利用了佩珀尔幻象，为观众勾勒出一幅令人难忘的西湖美景。

但佩伯尔幻象并不是全息投影，关于两者的差别，简单来说真正的全息投影不需要任何特殊介质就能在上方的空气里显示出影像，从任何角度观看都不会影响清晰度，而且人能从画面中走过去。而佩伯尔幻象是用倾斜成各种角度的光学材料折射光源形成的视觉效果，观众只能在特定的角度观影，如果你想从画面当中穿过，也只会撞破鼻子。

五、课外阅读

全息投影技术

全息投影技术属于3D技术的一种，原指利用干涉原理记录并再现物体真实的三维图像的技术。而后随着科幻电影与商业宣传的引导，全息投影的概念逐渐延伸到舞台表演、展览展示等商业活动中。但我们平时所了解的全息投影往往并非严格意义上的全息投影，而是使用佩伯尔幻象、边缘消隐等方法实现3D效果的一种类全息投影技术。

"全息"来自希腊语"holo"，含义是"完全的信息"，即包含光波中的振幅和相位信息。普通的摄影技术仅能记录光的强度信息（振幅），深度信息（相位）则会丢失。而在全息技术的干涉过程中，波峰与波峰的叠加会更高，波峰与波谷叠加会削平，因此会产生一系列不规则的明暗相间的条纹，从而把相位信息转换为强度信息记录在感光材料上。

全息投影技术也称虚拟成像技术，是利用干涉和衍射原理记录并再现物体真实的三维图像的记录和再现技术。

第一步利用干涉原理记录物体光波信息，此即拍摄过程：被摄物体在激光辐照下形成漫射式的物光束；另一部分激光作为参考光束射到全息底片上，和物光束叠加产生干涉，把物体光波上各点的位相和振幅转换成在空间上变化的强度，从而利用干涉条纹间的反差和间隔将物体光波的全部信息记录下来。记录干涉条纹的底片经过显影、定影等处理程序后，便成为一张全息图，或称全息照片。

第二步利用衍射原理再现物体光波信息，这是成像过程：全息图犹如一个复杂的光栅，在相干激光照射下，一张线性记录的正弦型全息图的衍射光波一般可给出两个像，即原始像（又称初始像）和共轭像。再现的图像立体感强，具有真实的视觉效果。全息图的每一部分都记录了物体上各点的光信息，故原则上它的每一部分都能再现原物的整个图像，通过多次曝光还可以在同一张底片上记录多个不同的图像，而且能互不干扰地分别显示出来。

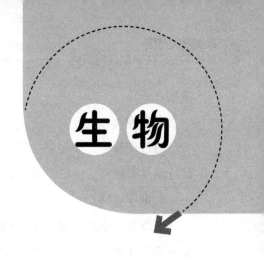

生物

生态瓶

一、课程背景

本项目是一个拓展性课程，要求学生在学习北师大版《生物学》八年级下册第23章第3节《生态系统的结构和功能》的内容之后，运用生态系统的知识设计、制作一个生态瓶。通过生态系统模型的制作，了解生物必须依赖环境而生存，受环境的制约，同时生物又影响和改变着环境，能量流动和物质循环是生态系统的重要功能。

二、学习目标

1. 科学（S）

（1）了解生态系统是由生物和环境组成的，是相对稳定的统一整体。

（2）了解生物和环境之间是相互影响。

（3）学会思考如何提高生态系统的稳定性。

2. 技术（T）

（1）学会根据生态系统的组成，设计小型的生态系统模型。

（2）了解维持生态系统较长时间稳定需要注意的因素。

3. 工程（E）

理解"结构—功能"的共通概念，学会用适当的材料设计、制作一个生

态瓶。

4. 艺术（A）

通过选择外形美观的容器，合理搭配各种生物和适量的装饰品，将生态瓶设计成具有观赏价值的艺术作品。

5. 数学（M）

了解生态系统中某种生物的数量变化会导致其他生物的数量变化，理解生态系统中各种因素的相互关系。

三、学习时长

建议1~2课时。

四、学习内容

1. 任务驱动

"绿水青山就是金山银山"强调的是稳定的生态系统给社会带来的良好效益。人的生存离不开环境，人与环境会发生相互作用。其实，自然界中所有的生物都会与环境相互作用、相互影响。我们不妨从设计、制作、观察小小生态瓶出发，了解生态系统的结构和功能，理解生物与环境的关系，从而知道如何更好地对我们周围的资源进行合理地管理和利用。

任务：设计并制作一个封闭的淡水生态系统模型。该模型包含一个让2~4种水生动物生存7天的环境。

2. 支架学习

阅读（资料）：

任何生物都生活在一定的自然环境中，生物都必须依赖环境而生存，受环境的制约。同时，生物的生命活动又影响和改变着环境。在一定自然区域内，所有生物及其生活的环境共同构成了生态系统。生态系统有多种类型，一片草原、一片农田、一座山岭都是一个生态系统。生物圈是地球上最大的生态系统，它包括所有生活在地球上的生物和这些生物生活的环境，如图1所示。

图1

生态系统由非生物的物质与能量、生产者、消费者以及分解者等成分组成。在生态系统中，各成分之间紧密联系，彼此作用，构成一个整体。一个生态系统中的食物链和食物网反映了生物之间因食物关系而形成的复杂关系，是生态系统的营养结构基础。通过食物链和食物网，生态系统进行着能量流动和物质循环。

在生态系统发生一定的变化或受到外来因素干扰时，它可以通过生态系统内部的自我调节，克服系统内部的变化和外来干扰因素的影响，维持相对稳定和平衡的状态。生态系统的自我调节能力是有限的，一旦干扰因素超过调节能力，生态系统就会失去它的稳定性。因此，人类作为生态系统中的一员，必须尊重生态系统的自身规律，在维持生态系统的稳定性中发挥重要作用。

讨论：要使模拟的生态系统维持更长时间，生态系统中除了要有非生物物质、生产者、消费者等成分，还有什么因素必须得到保证？

3. 设计制作

（1）选择合适的器材。

能密封的容器（2L左右）、60W的电灯泡、水生植物、田螺、孔雀鱼、小河虾、池塘水（或静放一天的自来水），其他材料根据实验需要而定。

（2）设计方案。

（绘制设计图，并用文字阐明制作过程）

_____

_____

_____

（3）制作。

4. 测试评价

（1）测试生态瓶观察记录表见表1。

表1

	第1天	第2天	第3天	第4天	第5天	第6天	第7天
记录							

（2）评价见表2。

表2

要素 ＼ 等级	A	B	C	得分
科学性（4分）	生态系统各成分完整，比例合理（4分）	生态系统各成分基本完整，比例基本合理（2分）	生态系统成分单一，比例不合理（0分）	
稳定性（4分）	全部生物生存7天（4分）	大部分生物生存7天（2分）	少部分生物生存7天（0分）	
美观性（2分）	外形美观，结构合理（2分）	外形比较美观，但结构不太合理（1分）	外形不美观，结构不合理（0分）	

5. 优化拓展

（1）优化。

基于上述评价，对你的生态瓶模型进行再设计再制作，直至符合让2只孔雀鱼和2只田螺生存7天的要求。

（2）拓展。

本次设计制作的生态瓶模型属于淡水生态系统模型，你能否设计、制作一个海洋生态系统模型？需要的材料有哪些？需要注意哪些问题？和淡水生态系统模型比较，存在的困难有哪些？

五、课外阅读

热带雨林是地球上一种常见于赤道附近热带地区的森林生态系统，主要分布于东南亚、澳大利亚北部、南美洲亚马孙河流域、非洲刚果河流域、中美洲和众多太平洋岛屿。

热带雨林是地球上抵抗力稳定性最高的生态系统，常年气候炎热，雨量充沛，季节差异极不明显，生物群落演替速度极快，是世界上大于一半的动植物物种的栖息地。热带雨林无疑是地球赐予地球上所有生物宝贵的资源之一。由于现时有超过25%的现代药物是由热带雨林植物所提炼的，所以热带雨林被称为"世界上最大的药房"。同时由于众多雨林植物的光合作用净化地球空气的能力尤为强大，其中仅亚马孙热带雨林产生的氧气就占全球氧气总量的1/3，故有"地球之肺"的美誉。

热带雨林主要的作用是调节气候，防止水土流失，净化空气，保证地球生物圈的物质循环有序进行。近年来温室效应的加剧也与热带雨林生态系统遭到破坏有很大的关系。巴西亚马孙热带雨林如图2所示。

图2

肺与膈肌

一、课程背景

本项目是一个拓展性课程，要求学生在学习了北师大版《生物学》七年级下册第10章第2节《人体细胞获得氧气的过程》的内容之后，运用呼吸运动原理等相关知识与技能设计、制作一个模型，展示呼吸过程中肺与膈肌的运动，了解呼吸运动与胸腔容积的关系。

二、学习目标

1. 科学（S）

（1）学会运用呼吸运动的原理分析和解决设计、制作肺与膈肌模型的问题，初步形成解决问题、勇于探究的能力。

（2）学会解说模型各部分的结构和功能。

2. 技术（T）

学会选择合适的实验器材，学会制作肺与膈肌模型的基本技术。

3. 工程（E）

理解"结构—功能"的共通概念，进行肺与膈肌模型的设计和制作。

4. 艺术（A）

利用美学原理，设计、制作能模拟人体呼吸系统的模型。

5. 数学（M）

了解在密闭容器中，气压的大小和体积的关系。

三、学习时长

建议1~2课时。

四、学习内容

1. 任务驱动

我们经常常都会用"呱呱坠地"来形容新生儿的诞生，就是这种哭声宣告着小生命降临到这个美好的世界，象征着活力与健康。新生儿响亮的哭声代表着其呼吸系统的正常运作，在未来的日子里会通过自己的呼吸系统吸入氧气和排出二氧化碳。呼吸是人重要的生理指标之一，而膈肌是机体重要的呼吸肌，占所有呼吸肌功能的60%~80%。你能通过设计肺与膈肌模型，更好地了解膈肌的工作原理吗？

任务：设计并制作一个人体肺与膈肌的工作模型，在展示模型如何工作的同时讲解各部分的功能。

2. 支架学习

阅读（资料）：

人体的呼吸系统是由呼吸道和肺组成的，肺是人体与外界进行气体交换的场所。将你的双手放在胸部的两侧，呼吸时你会感觉到胸部运动。胸廓由脊柱、肋骨、胸骨以及肋间肌组成，底部由膈封闭。当我们吸气时胸廓扩大，呼气时胸廓缩小。胸廓扩大和缩小的运动就是呼吸运动。

本实验就是要选择合适的材料，设计并制作一个模型，了解呼吸运动是如何进行的以及呼吸运动实现肺通气的原因，如图3所示。

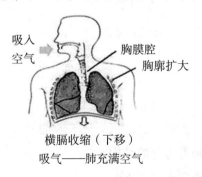

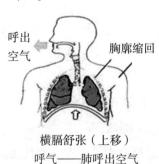

图3

讨论：①根据气压差的原理，人体吸气时，肺内气压＿＿＿＿外界气压（填"大于"或"小于"）；人体呼气时，肺内气压＿＿＿＿外界气压（填"大于"或"小于"）。②在密封容器中，容器内的气压和容器体积的变化存在什么关系？

3. 设计制作

（1）选择合适的器材。

矿泉水瓶、气球、Y形管、橡皮筋、热熔胶、打孔器。

（2）设计方案。

画出模型示意图并写出简要制作步骤。

_____

_____

_____

（3）制作。

根据设计方案，动手制作一个演示方便的肺与膈肌模型，如图4所示。

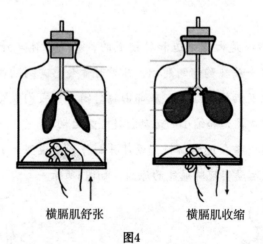

横膈肌舒张　　　　　　　横膈肌收缩

图4

4. 测试评价

（1）测试。

①模型中是否有分别代表胸腔、膈和肺等部分的结构？

②上推或下拉橡皮膜，气球容积是否会变小或变大？

③挤压或放松瓶身，气球容积是否会变小或变大？

（2）评价肺与膈肌制作模型，评价量表见表3。

表3

要素 \ 等级	A	B	C	得分
科学性（6分）	操作方便，效果显著（6分）	可操作，效果不够显著（3分）	无法演示（0分）	
牢固性（2分）	能反复操作演示（2分）	操作演示几次后，气密性变差（1分）	气密性差，不能演示（0分）	
美观性（2分）	外形美观，结构合理（2分）	外形比较美观，但结构不太合理（1分）	外形不美观，结构不合理（0分）	

5. 优化拓展

（1）优化。

基于上述评价，对你的作品进行再设计再制作，直至符合模型的要求。

（2）拓展。

除了设计肺与膈肌模型，了解膈肌与呼吸运动的关系外，你还能设计其他呼吸运动的模型吗？例如演示肋间肌舒缩引起肋骨和胸骨运动的模型，简述你的设计思路，如图5所示。

肋间肌舒张收缩示意图

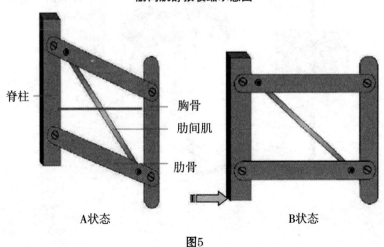

A状态　　　　　　　　　　B状态

图5

五、课外阅读

人工肺（ECMO）

人工肺，体外膜肺氧合（extracorporeal membrane oxygenation，ECMO），简称膜肺，鉴于其对重症呼吸衰竭的独特疗效，称为"魔肺"，是抢救垂危生命的新技术。人工肺的本质是一种改良的人工心肺机，最核心的部分是膜肺和血泵，分别起人工肺和人工心脏的作用，可以对重症心肺功能衰竭患者进行长时间心肺支持，为危重症患者的抢救赢得宝贵的时间。人工肺是目前针对严重心肺功能衰竭最核心的支持手段，也被称为重症患者"最后的救命稻草"，是一项顶尖的生命支持技术，它是代表一个医院、一个地区，乃至一个国家危重症急救水平的一门技术，如图6所示。

ECMO治疗机制示意图

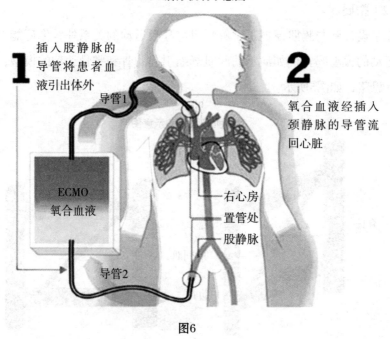

图6

花的剖面模型

一、课程背景

本项目是一个拓展性课程，要求学生在学习北师大版《生物学》七年级上册第6章第3节《生殖器官的生长》的内容之后，运用花的结构和功能等知识设计、制作一个花的3D解剖模型。通过花的剖面模型的制作，更好地了解花是被子植物的生殖器官，其生物学功能是通过产生生殖细胞、传粉、受精的过程，发育成果实。

二、学习目标

1. 科学（S）

（1）认识花的基本结构，说出花各个部分的功能。

（2）学习解剖和观察花结构的方法。

2. 技术（T）

学会自主选择实验材料及制作花的剖面模型的基本技能。

3. 工程（E）

学会利用各种材料制作花的各部分结构，并有机地整合成统一的整体，体验"结构和功能"共通的概念。

4. 艺术（A）

学会运用美学原理，在模型建构中体现比例协调，色彩搭配合理，培养学生的审美情趣和能力。

5. 数学（M）

掌握数学比例在模型中的应用。

三、学习时长

建议1～2课时。

四、学习内容

1. 任务驱动

被子植物是植物界最高等的植物，花是被子植物繁衍后代的生殖器官，虽然不同植物的花形和花色多样，但是各种花的主要结构和功能基本上相同。花是由哪几部分组成的？每部分的功能又是什么？花凋谢后各部分发生什么变化？果实的各部分分别是由花的什么结构发育而来的？请你通过制作一个花的剖面模型，更好地了解花的结构和功能。

任务： 设计并制作一朵花的3D解剖模型，标出花的各部分名称并做简要说明。

2. 支架学习

阅读（资料）：

一朵发育完全的花通常由花柄、花托、花萼、花冠、雄蕊和雌蕊组成。如果一朵花上既有雄蕊又有雌蕊，就叫作两性花，如桃花和月季花；若一朵花上只有雄蕊或雌蕊，叫作单性花，如黄瓜的雄花和雌花。受精作用完成后，花冠、雄蕊等结构一般便随之凋谢，而雌蕊的子房却明显发育起来，整个胚珠发育成种子，子房壁发育成保护种子的果皮，由果皮和种子共同构成果实，如图7所示。

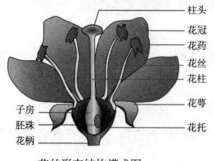

花的形态结构模式图

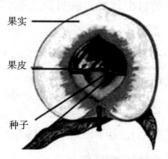

果实结构模式图

图7

讨论：①花主要由哪几部分组成，各部分的功能是什么？②你能描述传粉和受精的过程吗？③受精后，花的各部分会发生什么变化？④果实分为哪几部分，分别是由花的哪些结构发育而来的？

3. 设计制作方案

（1）选择合适的器材。

各色橡皮泥（或软陶泥、超轻黏土）、吸管、小刀、硬纸、板笔。

（2）设计制作方案。

分步绘制设计图，并在上面用文字阐明制作过程。

_____

_____

（3）制作。

制作花的剖面模型。

4. 测试评价

（1）测试。

评估花的剖面模型是否能准确地代表花的各部分。

（2）评价花的剖面模型，评价量表见表4。

表4

等级 \ 要素	A	B	C	得分
科学性（6分）	结构完整、准确（6分）	结构基本完整、准确（3分）	结构不完整（0分）	
牢固性（2分）	模型稳固，移动方便（2分）	模型稳固性待加强（1分）	气密性差，不能演示（0分）	
美观性（2分）	外形美观，结构合理（2分）	外形比较美观，但结构不太合理（1分）	外形不美观，结构不合理（0分）	

5. 优化拓展

（1）优化。

基于上述评价，对你的花的剖面模型进行再设计再制作，直至符合模型的

要求。

（2）拓展。

制作好的花的剖面模型可以通过简单的装饰变成墙上漂亮的装饰画，供人欣赏。你能通过制作立体相框，把花的剖面模型固定在相框里吗？快试试吧！

五、课外阅读

珠海市花——勒杜鹃

珠海的市花是勒杜鹃，花色有红、紫、粉红、白色等五种颜色。勒杜鹃生命力强，象征珠海特区开拓创新、锐意进取。勒杜鹃花别名三角花、叶子花等，属于常绿木质藤本植物，其茎枝有刺，枝干则具有直立、蔓延的特点，易于修剪，形状可塑性强，基于此，常被应用于园林植物景观设计。我们平常所观赏的三角形花朵，其实并不是它真正的花，而是它的萼片。它的花是由三根火柴头般大小的花苞聚在萼片的中脉上，花柱是深红色的。它的花是淡黄色的，比黄豆还要小，小得使人误以为它的萼片就是它的花，如图8所示。

图8

酸奶的制作

一、课程背景

本项目是一个拓展性课程，要求学生在学习北师大版《生物学》八年级下册第25章第1节《发酵技术》的内容之后，运用乳酸菌发酵等相关知识与技能制作一瓶酸奶，如图9所示。

图9

二、学习目标

1. 科学（S）

能应用微生物呼吸作用等知识解释酸奶制作的原理。

2. 技术（T）

（1）学会选择合适的实验器材以及酸奶制作的基本技能。

（2）了解发酵技术在生活中的应用。

3. 工程（E）

学会制作一瓶优质酸奶，并了解酸奶制作所需的条件。

4. 艺术（A）

（1）了解酸奶制作的发展历史。

（2）学会调制不同口味的酸奶。

5. 数学（M）

熟练掌握牛奶、酸奶引子和白糖的配比关系。

三、学习时长

建议2课时。

四、学习内容

1. 任务驱动

随着生活水平的日益提高，人们对食品的营养、安全、个性要求也越来越高，人们希望吃到既安全又营养的食品，而自制酸奶因用料和做法简单，营养丰富，深受人们的喜爱。你了解制作一瓶酸奶需要什么原材料吗？你能尝试制作一瓶酸甜可口的酸奶吗？

任务：制作一杯酸甜可口的酸奶，还可以尝试加入各种新鲜水果粒或者干果碎，做成各种风味的酸奶。

2. 支架学习

阅读（资料）：

历史证据显示，酸奶作为食品至少有4500多年的历史了，最早的酸奶可能是游牧民族装在羊皮袋里的奶受到依附在袋上的细菌自然发酵而成的奶酪。

酸奶中含有乳酸菌，乳酸菌在温度适宜、没有氧气的条件下可以使牛奶中的营养物质产生乳酸，乳酸能使液体牛奶转变为固态。酸奶不仅营养丰富，而且容易消化吸收，是一种优质的饮料，如图10所示。

图10

讨论：①为什么要将牛奶煮开？煮开的牛奶为什么要冷却后才可加入酸奶？②酸奶制作的原理是什么？③你认为酸奶制作的过程可分为哪些步骤？④你还能列举哪些发酵食品的例子？

3. 制作

（1）选择合适的器材。

带密封盖的杯子或瓶子、酸奶一瓶（或酸奶粉）、鲜牛奶（视容器大小定量）、汤勺、白糖。

（2）设计方案。

写出具体的操作步骤。（建议：250mL牛奶加入酸奶两汤勺，白糖4汤勺）

_____

_____

_____

（3）制作。

根据设计的最佳方案，动手制作一瓶酸甜可口的酸奶。

4. 测试评价

（1）测试。

用两个洁净的容器取等量的自制酸奶和市售优质酸奶进行品尝，并把品尝结果记录在表格中。自制酸奶测试结果记录表见表5。

表5

品质 ＼ 类型	自制酸奶	市售优质酸奶
酸味		
甜味		
香味		
色泽		
形态		

（2）评价自制酸奶的评价量表见表6。

表6

要素 ＼ 等级	A	B	C	得分
酸味（2分）	酸味适中（2分）	有点酸味（1分）	无酸味或太酸（0分）	
甜味（2分）	甜味适中（2分）	有点甜味（1分）	无甜味或太甜（0分）	
香味（2分）	有奶香味（2分）	有点奶香味（1分）	无奶香味（0分）	
色泽（2分）	均匀乳白色（2分）	乳白色（1分）	有杂色（0分）	
形态（2分）	凝固状态（2分）	半凝固（1分）	液态（0分）	

（备注：恶臭、霉味，整个评价为0分）

5. 优化拓展

（1）优化。

根据评价结果，改进你的制作酸奶的方案，再次动手制作酸奶，直至制作出优质酸奶。

（2）拓展。

①制作一瓶优质酸奶的关键步骤是什么？

②在制作酸奶的过程中，你最大的困惑是什么？

③你还能利用微生物发酵技术制作其他发酵食品吗？

五、课外阅读

酸奶和乳酸饮品的区别

市面上的乳制品品种繁多，那么就酸奶和乳酸饮品两大类来说，它们有什么区别呢？

（1）酸奶是一种牛奶制品，是新鲜的牛奶经过杀菌之后，通过添加菌种发酵而成的。在制作的过程中，可能还会添加糖，但整体添加的东西不多。

（2）调配型乳酸饮料是用牛奶、水、白砂糖、乳酸、添加剂等配置而成的，没有经过发酵。其乳含量也会降低。

（3）最简单的区别它们的方式就是看配料表：在第一位的如果是生牛乳，那它就是酸奶；如果第一位是水，就是乳酸饮品。

叶脉书签的制作

一、课程背景

本项目是一个拓展性课程，要求学生在学习北师大版《生物学》七年级下册第5章第1节《光合作用》的内容之后，运用叶片结构和化学药品等相关知识与技能制作叶脉书签，如图11所示，培养学生的创新意识、审美能力和动手能力。

图11

二、学习目标

1. 科学（S）

（1）了解氢氧化钠化学药品的腐蚀性。

（2）了解叶脉书签的制作原理和方法。

2. 技术（T）

（1）学会玻璃棒、烧杯、电磁仪器等仪器的使用技能。

（2）学会叶脉书签的制作流程。

3. 工程（E）

体验叶脉书签的设计和制作过程，理解工程设计的目的是满足人们的各种需求，初步学会不断改进完善产品的方法，初步形成创新能力。

4. 艺术（A）

在叶脉书签外观设计中，初步形成审美能力，增强艺术修养。

5. 数学（M）

运用数学知识，配备一定浓度的溶液。

三、学习时长

建议3课时。

四、学习内容

1. 任务驱动

绿叶是绿色植物光合作用的主要器官，落叶通过微生物的分解能被植物重新利用，可以说叶片一辈子都在发光发热，为大自然作贡献。我们可以利用叶片做成精美的叶脉书签，为繁重的学习增添点生趣。

任务：叶脉书签的制作和加工。

2. 支架学习

阅读（资料）：

叶脉书签就是把叶片除去表皮和叶肉组织，而只由叶脉组成的结构。书签上可以看到中间一条较粗壮的叶脉称为主脉，在主脉上分出许多较小的分支称侧脉，侧脉上又分出更细小的分支称细脉。这样一分再分，最后把整个叶脉系统连成网状结构。把这种网状叶脉染成各种颜色，系上丝带，就成了漂亮的叶脉书签。

制作叶脉书签的原理：很多植物的叶、叶脉由坚韧的纤维素构成，在碱液中不易煮烂，而叶脉四周的叶肉在碱液中容易煮烂。

注意事项：①树叶宜选用桂花树、玉兰树等质地较柔韧的叶。在洗刷时必须极其仔细小心，切忌急于求成，否则叶脉易刷坏。②使用氢氧化钠时应极其

注意安全，不可用手拿。

讨论：①应选择什么样的叶片才有利于叶脉书签的制作？②影响叶脉书签外观的因素有哪些？③除了用颜料给叶脉书签上色，还有什么其他方法可以增加书签的美观程度？

3. 设计制作

（1）选择合适的器材。

树叶（桂花叶、玉兰叶）、15%氢氧化钠溶液、电磁炉（带陶瓷或玻璃材质的锅）、玻璃棒、长镊子、大烧杯、旧报纸、软毛牙刷、白瓷盘、毛笔10cm长的红丝线、各色颜料。

（2）设计方案。

制作步骤：

_____

_____

_____

① 摘取若干叶脉清晰、坚韧的叶片。

② 将15%的氢氧化钠溶液放在火上煮沸。

③ 投入叶片，让它们全部浸在溶液中，继续加热，不时用玻璃棒轻轻搅拌，使各叶片分离，受热均匀，叶片由绿色变成褐色。一般浸煮30～60min。

④ 用镊子取出煮过的叶片，放在盛有清水的烧杯里，反复换水清洗三次。

⑤ 从清水中取出叶片，用软毛牙刷轻轻刷叶片表面，直至不再有叶肉，只留下清晰的叶脉为止。

⑥ 等叶脉半干，用毛笔涂上颜料（也可浸染）。晾干后，用过塑机压平过胶，系上丝带，美观的书签就做成了。

（3）制作。

根据提供的制作步骤，开始一个美丽又实用的叶脉书签的制作之旅啦。

4. 测试评价

（1）测试。

自制的叶脉书签，从是否有残留的叶肉，叶脉是否清晰完整和颜色搭配是否美观等三方面进行观察。

（2）评价自制叶脉书签的评价量表见表7。

表7

等级 要素	A	B	C	得分
安全（2分）	活动过程无安全事故发生（2分）	活动过程有安全问题发生，但没酿成事故（2分）	活动过程有安全事故发生（2分）	
叶脉的制作（6分）	叶脉完整干净，无剩余叶肉（6分）	叶脉不完整或干净度不够（4分）	叶脉不完整和干净度不够（2分）	
叶脉书签的设计（2分）	设计精美（2分）	设计简单（1分）	无再加工痕迹（0分）	

5. 优化拓展

（1）优化。

根据评价结构，再次改进、优化实验操作和设计环节，使叶脉书签作品除了实用性，更具可观赏性。

（2）拓展。

叶脉的设计，除了常用的书签做法外，你还能想到其他的设计方法吗？例如在纸上作画题诗，和叶脉一起过塑？或者用AB胶制作注塑叶脉，做成美丽的水晶叶脉？赶紧发挥你的创造力，设计一个精致的叶脉作品吧！

五、课外阅读

腊叶标本（压制标本）

腊叶标本，干制植物标本的一种。采集带有花、果实的植物的一段带叶枝，或带花或果的整株植物体，在标本夹中压平、干燥后，装贴在台纸上，即成腊叶标本，主要供植物分类学研究使用，也可作为艺术品欣赏。腊叶标本（图12）制作分三个步骤：标本制作、标本装订和标本保存。

图12

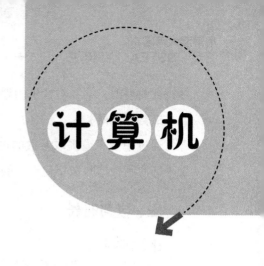

計算机

卡拉OK伴奏效果音频制作

一、课程背景

卡拉OK是流行的唱歌娱乐方式，我们在卡拉OK里，可以选择伴奏模式，去掉原唱，就可以只保留伴奏音，可以自己跟着唱了。这种效果的制作其实并不难，本课程通过Adobe Audition的学习，通过中置声道提取，给歌曲去掉人声，制作伴奏音乐。

二、学习目标

1. 科学（S）

理解人声去除的原理，理解声音数字化的原理，理解中置声道各参数对音乐效果的影响。

2. 技术（T）

学会导入音乐，给音乐添加中置声道提取的效果，监听并微调参数，导出伴奏音乐。

3. 工程（E）

通过项目学习，学会自主制作音乐伴奏，培养软件操作能力。

4. 艺术（A）

通过对中置声道提取参数的学习，加深对音乐"相角""声像""延迟"

等特征的理解，培养对音乐的理解力，加强对音乐的审美。

5. 数学（M）

通过中置声道提取参数的设置，加深对中置频率的理解，感受声音数字化带来的便利，体验数字化音乐的作用。

三、学习时长

建议1课时。

四、学习内容

1. 任务驱动

分小组，以4~6个人为一个合作小组，每个人完成以下编程任务。（组内成员可以互相交流）

请将音乐"八中校歌（原唱）"中的大部分人声去掉，制作成伴奏音乐。

2. 支架学习

阅读（资料）：

（1）理论支撑：中置声道提取的原理是什么？

对于歌曲来说，一首伴奏音乐由多重乐器构成，各种乐器有前有后，有左有右，所以说伴奏是立体声，伴奏在数字化之后，左右声道会有所不同。而人声一般是单声道音频（乐器很多，人的声音只有一种），那么左右声道分配到的人声应该就是非常相似的，把左声道里和右声道里完全相同的声音提取出来，可以简单理解成中置声道的提取。这样提取出来的一般就是人声，因为人声左右声道一样，而乐器一般不一样，所以中置声道一般提取不到多少伴奏音，而多是人声。利用这个方法，可以做到简单的人声去除。

（2）中置声道去除里的参数分别代表什么意义？

频率范围：我们知道声音有三大特征，即音色、响度和音调。而音调在数字化后直观表现出来的参数就是频率，男生一般比女生的音调低，因此90~20000Hz频率范围内的声音一般是男生，140~20000Hz频率范围内的一般是女声。

交叉渗透：向左移动滑块可增强音频渗透并减少声音失真。向右移动滑块可进一步从混音中分离中置声道素材。

相位鉴别：通常，较高数值更适合提取中置声道，而较低值适合去除中置声道。较低值允许更多渗透，可能无法有效地从混音中分离人声，但在捕捉所有中置素材方面可能更有效。通常，2~7的范围效果很好。

振幅鉴别和振幅频宽：合计左右声道，并创建完全异相的第三个声道，Adobe Audition使用该声道去除相似频率。如果每个频率的振幅都是相似的，也会考虑两个声道共有的同相音频。较低的"振幅鉴别"和"振幅频宽"值可从混音中去除更多素材，但也可能去除人声。较高值提取更多取决于素材相位而更少取决于声道振幅。0.5~10的"振幅鉴别"设置以及1~20的"振幅带宽"设置效果很好。

3. 设计制作

（1）选择合适的器材。

已安装Adobe Audition的计算机、耳机、八中校歌（原声）.mp3。

（2）设计方案。

把人声基本消除，做出卡拉OK的伴奏效果，并且导出成新音频八中校歌（伴奏）.mp3。

制作步骤：

_____

_____

_____

_____

_____

（3）制作。

① 导入效果，添加效果—立体声声像——中置声道提取器。

② 直接用软件预设的效果"人声移除"，单击"监听效果"按钮，如图1所示。

③ 为了让效果更好，我们需要微调一下各参数，让人声去除更自然，伴奏保留更多，如图2、图3所示。

④ 最后，把编辑好的文件另存为"《八中校歌》（伴奏）.mp3"导出。

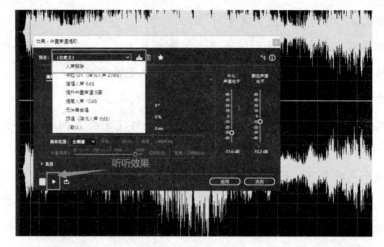

图1

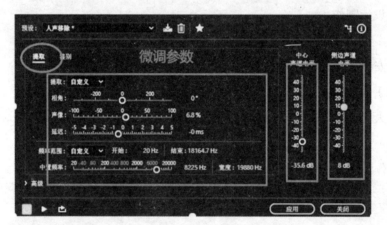

图2

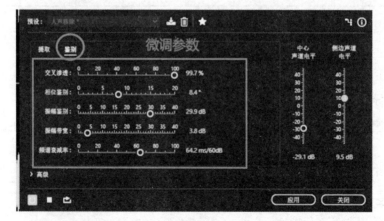

图3

4. 测试评价

每台电脑应配备一个耳机，让学生在无干扰的情况下自主编辑。

完成的小组先进行组内作品交流，然后每组推荐最佳作品全班展示，评选出最佳伴奏奖。

让最佳伴奏奖的获奖学生展示他的参数设置值，并且让他分享一下这些参数这样设置的原因，加深大家对中置各参数的理解。

5. 优化

不同音乐的人声不同，去人声时人声设置的参数自然也不同，本节课只有一个音频需要处理，学有余力的同学可以多找几首流行音乐、合唱音乐、民族音乐、美声音乐……不同类型的音乐进行人声去除，看看不同音乐类型需要设置的参数有什么异同，同时起到练习的作用。

6. 拓展

中置声道提取法也有局限，有些音乐也无法完全通过这个方法制作出精良的伴奏，那么除了中置声道提取，还有什么其他去除制作伴奏音乐的方法吗？请同学们上网查阅资料，学习更多的制作伴奏音乐的方法。

每个人都是超级英雄——视频特效

一、课程背景

视频特效是现代电影的主要表现力之一，随着视频软件的开发，越来越多的视频特效不再是超级大片才拥有的独家效果，很多视频特效由很多业余爱好者制作合成，放到各大视频网上同样获得了大量点赞。本课程使用Adobe After Effects来制作视频特效，简单实用，画面惊艳，效果不差于超级大片，可以作为业余视频特效爱好者的练习和娱乐。

在众多超级大片中，超级英雄题材获得了青少年的喜爱，里面酷炫的光影效果让超级英雄看上去非常酷炫。每个青少年都有一个超级英雄梦，本课程通过自主拍摄合成光影效果，参考漫威《奇异博士》的效果，制作出自身拥有超级英雄能力的视频特效，非常有视觉冲击力，充满趣味性。

二、学习目标

1. 科学（S）

理解跟踪功能、图层混合模式功能，理解程序解决问题的思路，培养理性思维、算法解决问题的思维。

2. 技术（T）

（1）学习使用正确图层混合模式对黑幕背景进行抹去的技巧。

（2）学习利用跟踪点跟踪镜头运动的轨迹，更好地合成视频。

（3）练习利用钢笔工具抠图人物蒙版。

3. 工程（E）

通过导入视频、调整混合模式、时间点对齐、跟踪运动轨迹、人物钢笔抠图等体验视频加特效的过程，体会视频制作的流程，感受视频加特效的乐趣。

4. 艺术（A）

通过对两个视频的剪辑和效果添加，增强对电影艺术故事性、艺术性的理解，体验视频特效在电影中的运用，体会视频特效对电影表现力的作用。

5. 数学（M）

通过对时间点和剪辑、跟踪功能的使用，体会程序解决问题的算法方案，培养程序解决问题的思维。

三、学习时长

建议1～2课时。

四、学习内容

1. 任务驱动

分小组，以4～6个人为一个合作小组，每个人完成以下编程任务。（组内成员可以互相交流学习）

利用老师拍摄好的人物、背景素材，结合老师提供的光影特效素材，合成一个展示"超级英雄能力"的特效视频，如图4所示。

背景和人物.mp4　　　　　　光圈.mp4　　　　　　圈内世界.mp4

图4

2. 支架学习

阅读（资料）：

（1）关于光圈图层如何抠图的问题：可以通过将视频图层的混合模式改成相加的模式进行黑色的过滤，如图5所示。

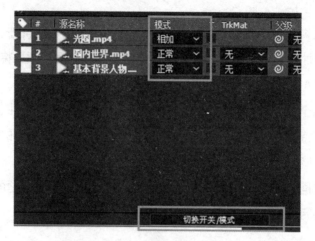

图5

（2）关于两个视频镜头运动轨迹不同的问题解决思路：可利用跟踪器功能，在其中一个视频画面中找到一个一直看到的色彩突出的"点"，进行运动的跟踪，并把跟踪到的数据运用到另一个视频中，如图6所示。

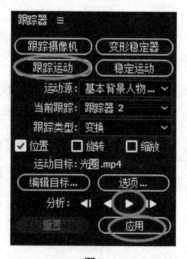

图6

（3）关于圈内世界出现的问题：由于圈内世界是根据光圈的大小变化而变化的，可以通过钢笔工具画出蒙版，调整蒙版的羽化和位置，控制圈内世界出现的时间和大小。

3. 设计制作

（1）选择合适的器材。

已安装Adobe After Efftets各版本的计算机、事先拍摄好的背景人物视频、圈内世界视频和网上下载的光圈特效视频。

（2）设计方案。

学生可先观看几次老师的最终合成效果，理解要做出来的最终效果，再根据素材进行合成。

制作步骤：

_____

_____

_____

（3）制作。

以4~6个人为一个学习小组，组内成员可以交流互助，共同进步。

可利用两个课时分别剪辑，未完成的项目保存成.aep项目文件，方便下次继续编辑。

可根据教师制作的PPT步骤进行操作的参考：

① 导入素材，新建合成项目，如图7所示。

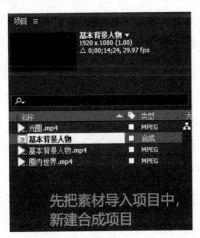

图7

② 调整素材的位置，改变光圈图层的图层混合模式为"相加"。（拓展思考：各个混合模式的区别是什么？）

③ 用之前学的跟踪的方法，在背景层上找到一个一直看到的明显和周围环境不一样的突出的"点"进行跟踪。

④ 单击"应用"按钮之后，跟踪的图层一般会移动到其他位置，这时我们需要展开到要移动的图层的变换—位置的属性的地方，单击"位置"按钮，让所有变换点被选上，才能移动这个图层整体的位置，否则只是移动了它在某一帧的位置。

⑤ 加入"圈内世界"图层，把"圈内世界"视频放到背景和光圈层之间，然后用钢笔工具添加蒙版，加入一定的羽化值让边缘融合得更好，然后添加动态的蒙版路径，根据光圈的大小变化而变。

⑥ 把做好的合成视频拖到渲染队列中，设置好渲染的文件参数，渲染出合成视频。

4. 测试评价

课程最后10分钟可进行各小组优秀视频作品展示。首先各小组组内观看每个组员的作品，选出最佳作品，再在班上通过播放每小组的最佳作品，投票选出全班的最佳超级英雄视频。

获得最佳超级英雄视频奖的制作人上台分享剪辑心得。

5. 优化拓展

本项目可以从以下几方面进行优化：

（1）圈内世界、背景和人物可以由学生自行在课前拍摄好，用自己拍摄的视频进行合成，这样合成视频更具原创性，更能让学生投入制作。

（2）拍摄的故事可以更长一点，本项目本来只是剪到人物跳入光圈之前的，能否把人物跳进光圈并且消失不见，光圈也随之消失的后续也剪出来？这里又需要用到什么剪辑手法？可以由学有余力的学生进行后续增加内容的优化剪辑。由于人物并非在绿幕前拍摄，因此需要用到钢笔工具对人物进行逐帧的轮廓勾勒和剪辑，这里考验了钢笔工具的使用，可以培养动手能力。

中考模拟录取系统

一、课程背景

中考是初中生最大的考试，每个初中生都要经历中考与中考后查成绩的紧张激动时刻。查成绩时不仅能看到成绩，还能看到录取结果，这里面的逻辑是怎样的呢？本节课学习用Python编写一个简易的中考模拟录取系统，系统功能是让用户输入自己各科的分数，系统自动求出用户的总分，并且显示出用户被哪个高中录取。

这是一个分支结构的综合练习项目，重在熟练掌握简单的分支结构算法，因此化繁为简，忽略填报志愿这项影响因素，只考虑成绩为影响录取结果的唯一因素，做到有针对性的分支结构练习。

二、学习目标

1. 科学（S）

锻炼学生逻辑思维、独立思考的能力。

2. 技术（T）

重点使用Python的条件语句结构，利用if，elif，else等语句完成分支结构编程。同时使用input，float，print等基本函数对程序进行编写，培养分支结构的写法。

3. 工程（E）

通过项目学习，构思算法到实施编程、测试修改，感受逻辑思维的严谨性，培养整体规划的能力。

4. 艺术（A）

通过完成中考模拟系统，感受分支结构的艺术，享受编程的乐趣。

5. 数学（M）

通过填写if的条件语句，理解区间概念中"包含"与"排除"的区别。

三、学习时长

建议1～2课时。

四、学习内容

1. 任务驱动

分小组，以4～6个人为一个合作小组，每个人完成以下编程任务。（组内成员可以互相交流）

请编写一个模拟中考录取的系统，用户输入中考的总分，系统判断你被哪个学校录取（表1）。（其中，数据暂用2019年珠海高中录取分数，中考满分是605分。）暂不考虑职校录取情况，用户低于330分提示"对不起，请到职校系统查询你的录取情况"。

表1

学校	录取分数线
珠海一中	570
珠海二中	553
斗门一中	538
实验中学	524
北师大附属中学	510
珠海三中	464
田家炳中学	438
东方外语实验学校	330

2. 支架学习

阅读（资料）：

理论支撑：Python条件语句是通过一条或多条语句的执行结果（true或者

false）来决定执行的代码块的，如图8所示。

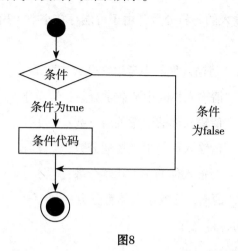

图8

Python程序语言指定任何非0和非空（null）值为true，0或者null为false。

Python编程中if语句用于控制程序的执行，基本形式为：可以通过图9来简单了解条件语句的执行过程，正确理解if多重判断语句的逻辑关系，学习正确的if语句的语法。

多重判断语句（3次判断或以上）

if 条件1：
　　执行1

elif 条件2：
　　执行2

else：
　　执行3

①elif相当于else+if，意思是在否则的情况下又如果……

②else意思是否则，代表了上两个条件的相反情况，else后面不用再重复加条件。

③注意条件语句要冒号，执行语句要缩进，其他语句要顶格。

图9

3. 设计制作

（1）选择合适的器材。

已安装Python 3.8以上版本的计算机。

（2）设计方案。

以下是参考的算法与思路：

print（"--------------中考录取系统----------------"）

#首先收集用户输入的各科分数，由于可能存在小数，用float把数据转成浮点型

yw=float［input（"请输入你的中考语文分数："）］

sx=float［input（"请输入你的中考数学分数："）］

yy=float［input（"请输入你的中考英语分数："）］

wl=float［input（"请输入你的中考物理分数："）］

hx=float［input（"请输入你的中考化学分数："）］

ty=float［input（"请输入你的中考体育分数："）］

#算出成绩总分为各科之和

cj=yw+sx+yy+wl+hx+ty

mf=605

#用if……elif……语句判断成绩在不同区间返回不同的语句提示

if cj>mforcj<0：

print（"你输入的成绩有误！"）

elif cj>=570：

print（"你被珠海一中录取！"）

elif cj>=553：

print（"你被珠海二中录取！"）

elif cj>=538：

print（"你被斗门一中录取！"）

elif cj>=524：

print（"你被实验中学录取！"）

elif cj>=510：

print（"你被北师大附属中学录取！"）

elif cj>=464：

print（"你被珠海三中录取！"）

elif cj>=438：

print（"你被田家炳中学录取！"）

elif cj>=330：

print（"你被东方外语实验学校录取！"）

else：

print（"对不起，请到职校系统查询你的录取情况！"）

制作步骤：

（3）制作。

以4～6个人为一个学习小组，组内成员可以交流互助，共同进步。利用20分钟左右的时间完成编程。

4. 测试评价

运行程序，看看运行结果是否正确，如图10所示。

```
B Python 3.8.5 Shell
File Edit Shell Debug Qptions Window Help
Python 3. 8. 5（tags/v3. 8. 5：580fbb0，Jul 20
2020，D64）］on win32
Type " help","copyright" , "credits " or " license "
>>>
= RESTART: \\hpserver\ 教师 \ 01信息技术 \ 邝文护
\ 粤港澳大湾区steam课题 \ 中考录取系统详细版. py
---------------中考录取系统---------------
请输入你的中考语文分数：115
请输入你的中考数学分数：102
请输入你的中考英语分数：97
请输入你的中考物理分数：100
请输入你的中考化学分数：85
请输入你的中考体育分数：45
你被斗门一中录取！
>>>
```

图10

完成的小组先进行组内作品交流，然后每组推荐最佳作品全班展示。

5. 优化拓展

考虑能否进行以下优化：①最好把职校录取分数也加到程序中，让程序实现更多的查询功能。②日后学习了循环结构后，可以加入循环结构，重复查询。

6. 拓展

如果加入志愿的影响因素，如何编写复杂的分支条件？

参考语句：Python逻辑运算符——or和and，见表2。

表2

运算符	逻辑表达式	描述	实例
and	x and y	如果x为false，x and y返回false，否则返回y的计算值	（a and b）返回20
or	x or y	如果x是非0，返回x的计算值，否则返回y的计算值	（a or b）返回10

石头剪刀布——Python游戏编程

一、课程背景

石头剪刀布，最简单的游戏，蕴含着大道理。它里面包含着严密的逻辑关系，同时又不会非常复杂，很适合编程初学者以此练习算法思维、分支结构。

本节课通过石头剪刀布的Python游戏编程，进行一次项目式的编程训练。

二、学习目标

1. 科学（S）

锻炼学生的计算思维、逻辑思维，让学生体会逻辑关系存在于生活的点点滴滴中的道理。

2. 技术（T）

重点使用Python的条件语句结构，利用if，elif，else等语句完成分支结构编程。同时使用random内置函数进行随机数的处理，锻炼Python的基本功。

3. 工程（E）

通过项目学习，构思算法到实施编程、测试修改，感受逻辑思维的严谨性，培养整体规划的能力。

4. 艺术（A）

通过完成石头剪刀布游戏的编程，感受分支结构的艺术、random随机函数的作用，享受编程的乐趣。

5. 数学（M）

通过填写if的条件语句，理解区间概念中not和相等的概念的区别。

三、学习时长

建议1～2课时。

四、学习内容

1. 任务驱动

分小组，以4～6个人为一个合作小组，每个人完成以下编程任务。（组内成员可以互相交流）

请编写一个石头剪刀布游戏，用户输入"石头""剪刀"或"布"，系统自动判断用户输入的和系统随机出的石头剪刀布的比较结果，给出回应"你出了××，电脑出了××，你输了/赢了"的显示结果，并且循环进入下一轮比拼，如图11所示。

```
---------------剪刀石头布人机大战---------------
请输入你要出的: 石头
你是石头，电脑是石头，平手!
请输入你要出的: 剪刀
你是剪刀，电脑是剪刀，平手!
请输入你要出的: 剪刀
你是剪刀，电脑是石头，你赢了!
请输入你要出的: 布
你是布，电脑是剪刀，你输了!
请输入你要出的:
```

图11

2. 支架学习

阅读（资料）

（1）画出你的算法流程图，尝试思考整个游戏的逻辑顺序和相应结果。

（2）让电脑随机出剪刀石头布其中一个的方法：引入random函数。以下是random（）函数的语法：

import random

random.random（ ）

但由于本游戏只在石头、剪刀和布三种情况中随机产生一种，可以考虑用random函数中，从序列中随机选取一个元素的方法：

random.choice（［"剪刀"，"石头"，"布"］）

（3）Python中的比较运算符==代表左右两数相等。

3. 设计制作

（1）选择合适的器材。

已安装Python3.8以上版本的计算机。

（2）设计方案。

```
import random
print（"——————剪刀石头布人机大战————————"）
m=1
while m>0：
c=［"剪刀"，"石头"，"布"］
c_choice=random.choice（c）
p_choice=input（"请输入你要出的："）
while p_choicenotice：
p_choice=input（"输入有误，再输入你要出的："）
if p_choice=="剪刀" and c_choice=="布" or p_choice=="石头" and c_choice=="剪刀" or p_choice=="布" and c_choice=="石头"：
print（"你是%s，电脑是%s，你赢了！"%（p_choice，c_choice））
elif p_choice==c_choice：
print（"你是%s，电脑是%s，平手！"%（p_choice，c_choice））
else：
print（"你是%s，电脑是%s，你输了！"%（p_choice，c_choice））
```

（3）制作。

以4～6人为一个学习小组，组内成员可以交流互助，共同进步。

各小组按照标准的开发流程进行游戏开发：画出基本的算法流程图—进入游戏的编写—运行看效果—发现问题—修改程序—再测试。

4.测试评价

运行你的程序，看看运行结果是否正确，如图12所示。

```
----------------剪刀石头布人机大战----------------
请输入你要出的：石头
你是石头，电脑是石头，平手！
请输入你要出的：剪刀
你是剪刀，电脑是剪刀，平手！
请输入你要出的：剪刀
你是剪刀，电脑是石头，你赢了！
请输入你要出的：布
你是布，电脑是剪刀，你输了！
请输入你要出的：
```

图12

完成的小组先进行组内作品交流，然后每组推荐最佳作品全班展示。

5.优化

考虑能否进行以下优化：①如何把代码进行简化，让代码更加精练？②变量的命名是否规范，是否高效？一个高效的变量命名可以提高程序的可读性，增加编写的建议性，班上各个同学之间可以交流查阅他人的代码，他人的变量命名方式，看谁的代码更高效，更规范。③能否通过修改循环变量，让游戏对局次数有限制，比如只能对战5次，5次之后游戏自动退出。

6.拓展

修改程序，让游戏变成人工智能自动对战模式：

程序逻辑：让用户输入"你想电脑自动对战几次？"用户输入次数后，系统自动进行石头剪刀布的对战，并且最后输出"累计比赛了×局，你赢了×局，平了×局，输了×局"。如图13所示。通过这样的游戏我们可以进行一系列数据统计，比如对战局数越多，是否输赢平局的次数就越平均？

```
--------------剪刀石头布人机大战--------------
你想电脑自动对战几次？6
对战第1次：你是布，电脑是石头，你赢了！
对战第2次：你是剪刀，电脑是石头，你输了！
对战第3次：你是剪刀，电脑是布，你赢了！
对战第4次：你是布，电脑是剪刀，你输了！
对战第5次：你是剪刀，电脑是布，你赢了！
对战第6次：你是石头，电脑是剪刀，你赢了！
累计比赛了6局，你赢了4局，平了0局，输了2局。
>>>
```

图13

修改后的游戏代码参考：

#自动对战版本

impor trandom

print（"-------剪刀石头布人机大战-------"）

m=int（input("你想电脑自动对战几次？"））

x=0

y=0

p=0

s=0

while m>0：

m−=1

x+=1

c=［"剪刀"，"石头"，"布"］

c_choice=random.choice（c）

p_choice=random.choice（c）

if p_choice=="剪刀" and c_choice=="布" or p_choice=="石头" and c_choice=="剪刀" or p_choice=="布" and c_choice=="石头"：

147

```
print（"对战第%d次："%x, end="）
print（"你是%s，电脑是%s，你赢了！"%（p_choice, c_choice））
y+=1
elif p_choice==c_choice:
print（"对战第%d次："%x, end="）
print（"你是%s，电脑是%s，平手！"%（p_choice, c_choice））
p+=1
else:
print（"对战第%d次："%x, end="）
print（"你是%s，电脑是%s，你输了！"%（p_choice, c_choice））
s+=1
print（"累计比赛了%d局，你赢了%d局，平了%d局，输了%d局。"%（x,
y, p, s））
```

快乐切水果——APP小游戏编程

一、课程背景

Inventor是一款简单好用的开源可视化安卓手机APP编程软件，图形化界面对于青少年特别友好，而且富有趣味性，把枯燥的代码编程变得生动有趣。而且做出来的APP可以通过AI伴侣快速模拟效果，能提高课堂效率，对于培养孩子的编程能力、思维能力有良好的效果。

手机，即将取代越来越多的传统工具，变成现代人必不可少的万能工具。其中，手机里的娱乐功能——游戏，是青少年特别喜欢的功能。凡事都有两面性，通过正确的引导，游戏也能起正面的教育意义。本课程通过让学生开发一款简单的单机APP游戏《快乐切水果》，让学生体验游戏的制作过程，培养编程的思维，增强自信心。

二、学习目标

1. 科学（S）

通过编写程序，锻炼学生的逻辑思维，让学生理解游戏交互的原理，体验游戏娱乐性之外的乐趣——科学性、逻辑性。

2. 技术（T）

（1）学会声明和运用全局变量，控制得分数和倒计的时间。

（2）学会使用选择结构对交互事件进行流程的控制。

（3）学会使用画布和精灵控制交互事件。

（4）学会使用广播切换不同屏幕。

3. 工程（E）

通过项目学习，让学生体验一款游戏由构思到编写、测试、修改、整合等整个流程，体会开发的乐趣，更好地培养学生整体的逻辑思维，培养工程项目整体性、严密性思维的素养。

4. 艺术（A）

通过设计APP的造型外观，培养艺术审美和设计能力。

5. 数学（M）

通过对倒计时和得分两个变量的设定，培养数学思维和算术能力。

三、学习时长

建议3～4课时。

四、学习内容

1. 任务驱动

分小组，以4～6个人为一个合作小组，每个人完成以下编程任务。（组内成员可以互相交流）

利用老师提供的素材，编写一个《快乐切水果》的手机APP，素材包括图片、音乐等，如图14所示。

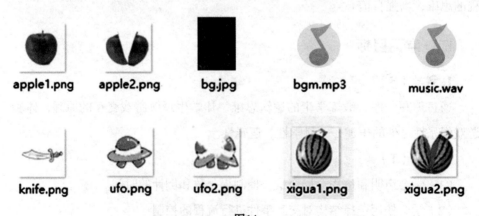

图14

《快乐切水果》的游戏玩法和效果可参考常见的切水果APP。

2. 支架学习

重难点一：画布坐标的确定。这里同学们可以参考老师提供的画布坐标设定参考图。

画布的坐标x=0从左上角开始，往右开始递增，坐标y=0也从左上角开始，往下开始递增，如图15所示。

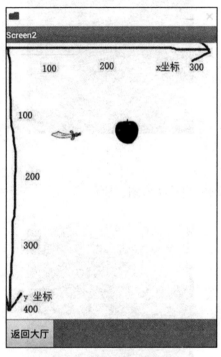

图15

重难点二：精灵移动角度的变化。这里学生可以参考老师给出的指示图，理解在Inventor中物体经历的方向是如何规定的。

3. 设计制作

（1）选择合适的器材。

已安装Inventor2离线版和AI伴侣版本的计算机。

（2）设计方案。

先设计界面，根据教师提供的素材，界面设计可达到以下效果（参考）：

界面一：开始界面如图16所示。

图16

界面二：游戏进行中的界面如图17所示。

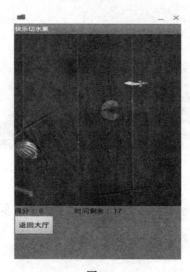

图17

（3）制作。

以4~6个人为一个学习小组，组内成员可以交流互助，共同进步。编程界面、代码参考图18~图21。

界面提示：

背景图片上传bg. jpg

背景音乐上传bgm.mp3

增加播放声的组件：

多媒体——音频播放器

代码逻辑：

当Screen1初始化时，让音频播放器开始播放音乐bgm.mp3，设音频播放器的循环播放为真。

当"开始游戏"按钮被点击时，让音频播放器停止。

非可视组件

音频播放器

图18

代码逻辑1：

参考上节课的代码，增加一个精灵，多一个计时器，代码和另一个水果类似，让两种水果掉下来。

为了让两个水果不完全同时掉下来，可以调整它们的计时器的计时间隔。

注意：不能让两个水果碰撞也记分！只能是水果碰到刀才记分！为此，碰撞的代码应该由刀来触发：

当刀与其他精灵碰撞时，如果其他精灵等于苹果，则××××，否则，如果其他精灵等于西瓜，则××××。

想一下这里其他精灵等于苹果怎么写。

图19

代码逻辑2：

如何让游戏30秒结束？

再声明一个变量，改名为"倒计时"，并让它等于30。增加一个计时器，当计时器到达计时点时，让计时器=计时器−1。并且做一个标签_倒计时，让标签_倒计时的显示文本为这个变量倒计时。

如果倒计时<=0，则把所有计时器的启用改为假，精灵刀的启用改为假，那么游戏基本就不能操作了，再做一个标签，显示文本为拼字串"你的得分是："+变量得分+"分！"把用户最终得分输出来！

图20

为了更逼真，可以：换一下画布的背景图片为bg. jpg。

想切水果有声音，可以上传music. wav，因为这个音乐很短，是音效，不是长音频，所以我们添加播放它的组件是音效播放器，而不是音频播放器。让精灵碰撞的代码里加入，让音效播放器播放，播放音乐是music. wav。

想游戏有背景音乐，可以添加音频播放器，当Screen2初始时，让音频播放器开始播放音乐bgm.mp3，设音频播放器的循环播放为真。

当"返回大厅"按钮被点击时，让音频播放器停止。

图21

编程可分几节课进行，未完成的时候需要保存好.aia文件，以便下节课继续编写。

4. 测试评价

连接AI伴侣，在AI伴侣中运行你的程序，看看游戏运行效果是否流畅，交互是否正确。

完成的小组先进行组内作品交流，然后每组推荐最佳作品全班展示。

交互评价：组内成员交叉测试对方的游戏，看看有没有bug，如果有，把bug告诉原作者让他修改。

5. 优化

考虑能否进行以下优化：①自行上网寻找图片、音乐素材，制作更个性化的游戏界面。②如何让切水果的动态效果更加真实好看？③如何让水果的生成位置、运动轨迹更加随机？

6. 拓展

（1）增加APP的艺术性，向美术老师学习更多色彩搭配的原理，完善界面设计。

（2）多修改精灵的x坐标、y坐标、方向、速度等属性的值，看看对精灵的运动效果造成什么影响，通过精准的、全方位的属性控制，让游戏动态效果更好看。

附件：

Screen1代码参考图22。

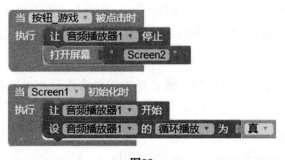

图22

徽章DIY

一、课程背景

本项目是一个拓展性课程，要求学生具备一定的创客学习思维和基础，运用LaserMaker软件进行绘图设计和建模，进而利用激光切割机制作一个DIY作品。

二、学习目标

1. 科学（S）

认识激光切割的加工原理。

2. 技术（T）

了解教育用激光切割机中的描线、切割、浅雕刻和深雕刻四种工艺模式。

3. 工程（E）

（1）认识激光切割产品制造流程。

（2）学会使用LaserMaker软件进行绘图，体验激光切割、设计、建模。

4. 艺术（A）

学会运用造型、大小比例、装饰图案等组合设计出美观的徽章等物体外形图。

5. 数学（M）

学会测量长宽高等数据，并准确应用到物体尺寸的设计中。

三、学习时长

建议2课时。

四、学习内容

1. 任务驱动

请利用LaserMaker软件绘图建模，并将设计图传输到激光切割机，创意制作一款徽章DIY作品。

2. 支架学习

阅读（资料）：

（1）激光切割的加工原理。

激光电源带动激光管发射高度平行的激光，经过反光镜多次反射后被传输到激光头。然后激光被激光头上安装的聚焦镜汇聚到一点，局部形成很高的温度，能将材料瞬间升华为气体，形成切缝，最终达到切割、刻蚀的目的。

（2）激光切割建模基本方法。

基于软件的二维绘图和工艺模式设计，综合称为激光切割的建模，操作逻辑如图23所示。

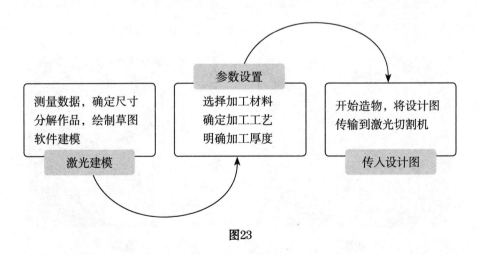

图23

① 二维绘图。本次作品要求用LaserMaker软件进行绘图，对于平面作品主要需绘制X、Y轴上的位置信息，对于立体作品主要需对三维物体进行点、线、面的

转化处理。

② 工艺模式。教育用激光切割机中的工艺模式可分类为四种：描线、切割、浅雕刻和深雕刻。

描线指的是通过设置较低功率、较高速度的参数，激光头作业时不会将对象切断，只是在工件材料表面烧蚀出一些痕迹，效果仿如画笔在工件材料表面画出了线条。切割指的是通过设置较大功率、较低速度，激光头作业时将对象切断，效果仿如用利器将材料切开。浅雕指的是通过设置较小功率，激光头作业时在对象的表面刻出浅浅的图像或文字，效果也仿如画笔。深雕指的是通过设置较大功率，激光头作业时烧蚀对象的表面凹陷进去，形成凸起，呈立体效果，效果仿如木刻刀。四种工艺作品分别如图24所示。

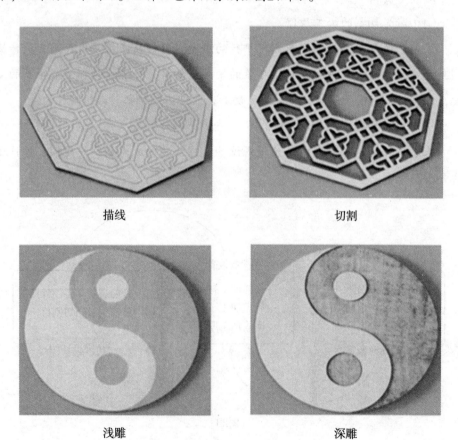

描线　　　　　　　　　　切割

浅雕　　　　　　　　　　深雕

图24

（3）激光切割机的操作流程如图25所示。

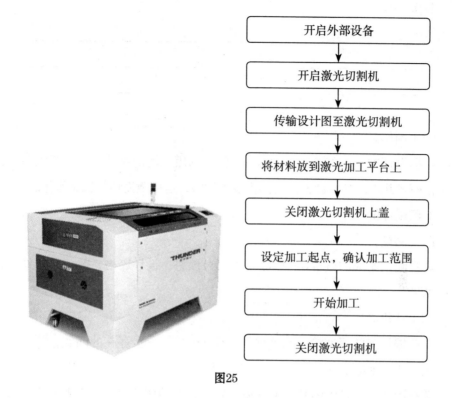

图25

讨论：①你了解激光切割机的加工原理、激光切割建模基本方法和激光切割机的操作流程了吗？②你能运用LaserMaker软件和激光切割机创意制作一款徽章DIY作品吗？

3. 设计制作

（1）选择合适的器材。

装有LaserMaker软件的计算机、激光切割机（仅供参考的设置：切割模式、速度为20mm/s、最小功率为50%、最大功率为55%）、3mm的胶合木板一张、纸与笔。

（2）设计方案。

制作过程分哪几步？先用纸与笔设计徽章的草图，并在上面用文字补充项目分析，包括物体外形、建模方法、物体尺寸、材料选择、工艺效果等。团队内展示交流设计方案，互动评价方案的优劣，选择最合适的设计方案。

制作步骤：

_____

_____

_____

_____

（3）制作。

根据设计方案，打开LaserMaker软件，选用合适的绘图工具进行绘图，选定工艺模式并进行参数设置，选择合适的材料，运用激光切割机制作作品。

4. 测试评价

（1）测试。

观察测试制成的徽章DIY作品是否符合预想，设计表格，并记录、处理相关的结果。

（2）评价。

①依据设定的标准检测和评估徽章DIY作品，分析存在的问题，将产品存在的优点与不足记录下来，并提出改进意见。

②在团队内部检测的基础上，邀请教师、其他团队同学或专业人士参与评价，请他们给出评价意见，团队做好笔记。

5. 优化拓展

（1）优化。

根据评价意见，改进绘图设计和建模参数设置，使其更符合制作要求，更具创意和美感。

（2）拓展。

①尝试更换材料和加工模式，创意制作一个"防打扰"门牌。

②尝试使用LaserMaker软件中的快速造盒，创意设计一个笔筒（知识参考图26）。

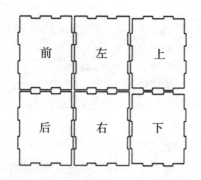

知识点

盒子宽度/高度/深度：决定盒子的大小

凹槽大小：一般设置为最大值

材料厚度：根据材料实际厚度输入

激光补偿值：恰当的补偿值能让盒子

卡得更紧，一般设置为0.27～0.30mm

图26

五、课外阅读

1. 认识激光束

（1）激光一词是Laser的意译，是Light Amplification by Stimulated Emission of Radiation首字母的缩写，意思是"通过受激辐射光扩大"。激光的波长和普通光的波长一样，激光呈现的颜色取决于激光的波长，而波长取决于发出激光的活性物质，即受激后能产生激光的那种材料。激光被称为最快的刀、最准的尺、最亮的光。

（2）激光的特征：高方向性（方向一致）、高亮度（能量集中）、高单色性（颜色极纯）、高相干性（相位一致）。

2. 认识教育用激光切割机

低功率的CO_2激光切割机多为80W、60W、40W，一般用于雕刻和切割非金属材料。相比工业激光切割机，低功率的CO_2激光切割机在配置上增加了多重保护系统，并且还有简单易用的配套激光建模软件。

3. 了解三种常用激光加工材料（图27）

椴木胶合板
激光造物首选木材之一
属于胶合木板的一种，是人造复合板材

奥松板
自然与人类创造性结合而制成的理想板材
原料为辐射松原木，属于中密度板的一种

亚克力
激光造物首选加工成材料之一
属于热塑性塑料，根据透光率有多种分类

图27

4. 影响切割工艺效果的因素

（1）功率：恒定速度下，切割的深度会随着功率的加大而逐渐加深。功率越大，能量越高，切割越深；功率越小，能量越小，切割越浅。

（2）吹气辅助：强吹气和不吹气切割的效果最佳；弱吹气，效果最差。在切割时，为了保护镜片，减少烟尘，一般选择强吹气切割。

（3）焦距：随着焦距的加大，切缝变得越来越宽，切割的深度则逐渐变小。以雷宇品牌80W激光切割机为例，最佳切割焦距为6mm，在这个焦距下，切缝是最细的。

（4）速度：恒定功率下，切割深度会随着速度的减慢而越来越深。速度越快，切割越浅，效率越高；速度越慢，切割越深，效率越低。

音乐播放器

一、课程背景

本项目是一个拓展性课程，要求学生在学习了信息技术学科广东教育出版社《乘Scratch号列车认识百年香洲》人文篇第七节《慧识名人》和景观篇第十一节《古风乐曲》等内容之后，综合运用广播和声音等指令，编写程序，制作一款音乐播放器。

二、学习目标

1. 科学（S）

了解音乐播放器的工作原理、语音识别原理、声控原理。

2. 技术（T）

（1）掌握声音指令、广播指令、逻辑运算指令和变量的使用方法。

（2）掌握声音侦测指令、声音识别指令的使用方法。

3. 工程（E）

了解音乐播放器与音频解码器的联系，理解播放控制模块的设计，学会设置声控的方法。

4. 艺术（A）

了解播放器界面设计方法，鉴赏粤曲不同表演形式的经典曲目。

5. 数学（M）

学会分析多个条件的判断关系，并应用到程序设计中。

三、学习时长

建议2课时。

四、学习内容

1. 任务驱动

请设计一款"岭南粤曲"主题音乐播放器，并应用编程猫Kitten软件编写程序，使播放器具备播放、暂停、上一首、下一首、语音点歌等功能。

2. 支架学习

阅读（资料）：

（1）音乐播放知识。

① 音乐播放器就是音频解码器的可视化操作界面，其实质是针对各种音频编码格式的解码器。播放器将不同的音频解码器打包起来，因此支持多种音乐格式的文件，并制作统一的播放界面，从而让使用者能够方便地聆听音乐。

界面设计涉及美术、心理学知识，界面设计应遵循窗口布局风格、颜色、字体格式、提示信息等一致的准则，且应与用户熟悉的模式尽量保持一致。

② 播放控制模块设计。播放控制模块是音乐播放器设计控制的核心部分，用户只需通过简单的触摸或点击操作就可实现对歌曲播放的控制，包括播放、暂停、上一首、下一首等功能，如图28所示。

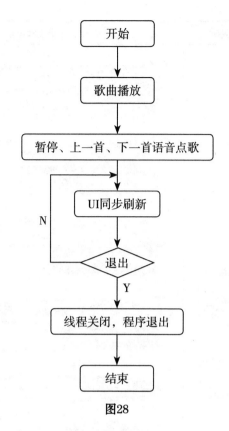

图28

③ 播放控制模块程序设计见表3。

表3

播放控制模块	图标	程序设计
播放/停止	/	当 开始 被点击 切换到造型 播放 设置变量 曲目 的值为 1 当角色被 点击 如果 自己 的 造型 编号 = 1 发送广播 "播放音乐" 否则 发送广播 "停止播放"

续 表

播放控制模块	图标	程序设计
播放/停止	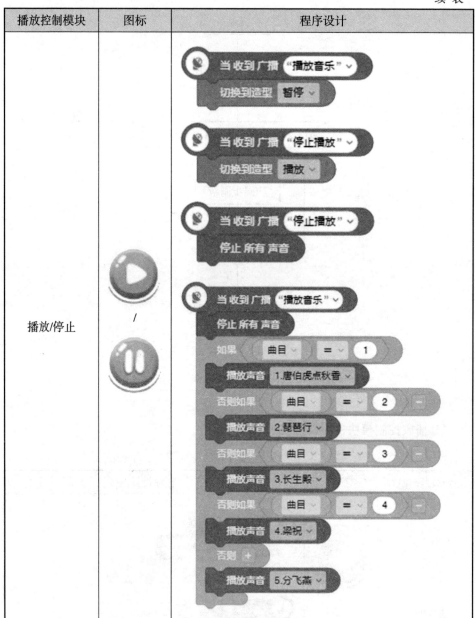	

（2）声控知识。

① 语音识别技术与原理。语音识别技术就是让智能设备听懂人类的语音。它是一门数字信号处理、人工智能、语言学、数理统计学、声学、情感学及心理学等多学科交叉的科学。

语音识别的原理是基于语音特征参数的模式识别，即对输入的语音进行预处理，其次是特征提取，最后根据失真判决准则进行识别，找出最佳匹配结果。

② 声控技术与原理。声控技术就是利用语音识别技术来控制或者操作电气设备或完成预设的操作。声控原理就是利用声波传到某物体表面时，使该物质材料带电，从而让声波发生变化，继而制成声敏传感器，再配上语音识别系统及一些控制装置，就形成了一套完整的声控系统。

编程猫Kitten软件的"侦测"模块提供了"开始声音侦测"指令。用户对麦克风说话时，它能侦测到对应的语音，如图29所示。

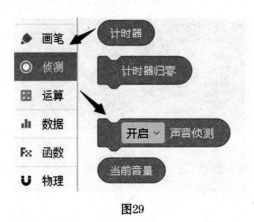

图29

"声音"模块提供的"识别语音"指令能识别录入的声音，提供的"识别结果"指令能将识别结果转化为书面语言文字，程序可以应用"识别结果"做出响应，如图30所示。

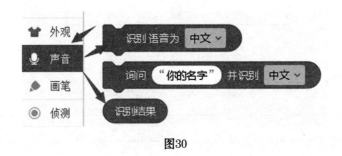

图30

讨论：①你了解音乐播放器的工作原理、语音识别原理、声控原理吗？

②你能运用Kitten编程软件制作出类似的音乐播放器吗?

3. 设计制作

（1）选择合适的器材。

装有编程猫Kitten软件的计算机、纸与笔。

（2）设计方案。

制作过程分哪几步？先用纸与笔绘制音乐播放器界面设计图（参考图31），并在上面用文字阐明其功能。然后打开编程猫Kitten软件，进行制作，并将具体的操作步骤写下来（包括先实现哪些功能，添加哪些角色等）。团队内展示交流你的设计方案，互动评价方案的优劣，选择最合适的设计方案。

图31

制作步骤：

_____

_____

_____

_____

（3）制作。

根据设计方案，制作一款具备播放、暂停、上一首、下一首、语音点歌功能的"岭南粤曲"主题音乐播放器。

4. 测试评价

（1）测试。

打开编程猫Kitten软件，运行程序，反复测试音乐播放器各个功能是否正常运转，将音乐播放器功能测试结果记录在表4中。

表4

功能	播放	暂停	上一首	下一首	语音点歌
正常/不正常					

（2）评价。

① 依据设定的标准检测和评估音乐播放器的性能，即程序是否正常运行。

② 将产品存在的优点与不足记录下来。

5. 优化拓展

（1）优化。

根据评价意见，改进程序，使其更符合音乐播放器制作的要求。

（2）拓展。

① 为了更好地了解岭南粤曲文化，除了网上搜索相关文字、音频、视频资料外，我们还可以通过到歌剧院听剧、当地博物馆参观、新闻报道、名人访谈等方式进行深入了解。

② 应用编程猫Kitten软件，不仅可以编制具备播放、暂停、上一首、下一首等基本播放控制模块的音乐播放器，还可以实现通过点击对应曲目图标来点歌，你能实现吗？

五、课外阅读

岭南粤曲是流行于广东及广西的粤语方言区并流传到香港、澳门、东南亚和美洲的粤籍华侨聚居地，采用广州方言表演的曲艺品种。粤曲源于戏曲声腔，清道光初期萌发，同治初期趋于成熟，民国时期进入鼎盛时期，中华人民共和国成立后历经了复苏、低潮、再度繁荣的阶段。粤曲重唱功，讲究声腔艺术，分大喉、平喉、子喉三大类；音乐性强，曲调优美，曲牌板式极为丰富；表演形式除继承传统的清唱外，还发展了说唱、弹唱、表演唱、小组唱、小合唱等。2011年5月23日，粤曲经国务院批准被列入第三批国家级非物质文化遗产名录。

窗　花

一、课程背景

本项目是一个拓展性课程，要求学生在学习了信息技术学科广东教育出版社《乘Scratch号列车认识百年香洲》历史篇第三节《开启旅程》和景观篇第十二节《妙笔生花》等内容之后，综合运用移动和画笔等指令，编写一个可以快速绘制窗花的程序。

二、学习目标

1. 科学（S）

了解圆的角度、旋转度数与圆的关系。

2. 技术（T）

（1）掌握画笔指令、动作指令、外观指令、广播指令、运算指令的使用方法。

（2）综合应用指令、公式、循环结构、判断语句等知识绘制不同样式的窗花。

3. 工程（E）

掌握绘制窗花的方法，学会根据要求绘制不同花瓣数量的窗花。

4. 艺术（A）

（1）认识窗花的定义和发展历史。

（2）认识美化窗花的艺术。

5. 数学（M）

分析窗花花瓣数量与旋转角度的关系，应用公式、旋转角度、坐标定位、图像印章等知识进行程序设计。

三、学习时长

建议2课时。

四、学习内容

1. 任务驱动

请应用编程猫Kitten软件编写一个可以快速绘制窗花的程序，即程序运行的时候弹出对话框，提示输入想要的窗花花瓣数量，然后只需要输入数值即可实现花瓣围绕圆心绘制出窗花。

2. 支架学习

阅读（资料）：

（1）窗花特征。

① 线条。剪纸很讲究线条，因为剪纸的画面就是由线条构成的。根据实践经验把剪纸的线条归纳为五个字，即"圆、尖、方、缺、线"，要求达到"圆如秋月，尖如麦芒，方如青砖，缺如锯齿，线如胡须。"可以说线条是剪纸造型的基础。

② 构图。在构图上，剪纸不同于其他绘画，它较难表现三度空间、场景和形象的层层重叠，对于物象之间的比例和透视关系也往往有所突破。它主要依据形象在内容上的联系，较多使用组合的手法，由于在造型上的夸张变形，又可使用图案形式美的一些规律做对称、均齐、平衡、组合、连续等处理。构图上采用平视构图，即将物体和景象由三维空间立体形象变为二维空间平面形象，通过对素材进行大胆取舍，删繁就简，用简练的线条进行概括，使画面重点突出、黑白关系虚实相衬，以增强作品的表现力，用平面的视角表现世界的物象，决定了剪纸表现的平面化特征，即任何形象的塑造都共存于一个特定形制的可视平面内。

窗花特征如图32、图33所示。

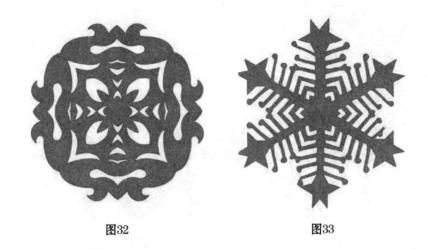

图32   图33

（2）绘制窗花的方法。

程序运行的时候会弹出对话框，提示输入想要的窗花花瓣数量，然后花纹会围绕圆心平均分布形成窗花。可是要让花纹平均分布就得提前知道花瓣之间的角度是多少。我们知道一个圆的角度是360°，如果围绕圆心平均分布绘制3个花瓣，则花瓣之间的角度是120°（360°÷3），如果要绘制n个花瓣，则花瓣之间的角度是360°÷n，所以窗花花瓣数量与旋转角度的公式就出来了，旋转角度=360°÷窗花花瓣数量。

讨论：①绘制窗花程序是应用了什么知识与方法来实现的呢？②你能综合运用图像软件、编程软件设计类似的窗花绘制程序吗？

3. 设计制作

（1）选择合适的器材。

装有编程猫Kitten软件的计算机、纸与笔。

（2）设计方案。

制作过程分哪几步？假如自主设计窗花花瓣图案，请先用纸与笔绘画设计。假如是直接导入现成的窗花花瓣图案（图34、图35），可通过在程序中导入角色实现。在运用编程猫Kitten软件制作作品时，请将具体的操作步骤写下来（如先添加哪些角色等）。团队内展示交流设计方案，互动评价方案的优劣，选择最合适的设计方案。

图34

图35

制作步骤：

_____

_____

_____

（3）制作。

根据设计方案，应用编程猫Kitten软件编写一个可以快速绘制窗花的程序，即程序运行的时候弹出对话框，提示输入想要的窗花花瓣数量，然后只需要输入数值即可实现花瓣围绕圆心绘制出窗花。

4. 测试评价

（1）测试。

打开编程猫Kitten软件，运行程序进行测试，并围绕以下标准记录结果。

① 每朵窗花花瓣的角色是否都能绘制？

② 是否能输入花瓣数值？

③ 输入花瓣数值后，是否绘制出相应的花瓣数目？

（2）评价。

① 依据设定的标准检测和评估窗花绘制程序，即程序是否正常运行。

② 将作品存在的优点与不足记录下来。

5. 优化拓展

（1）优化。

根据评价意见，改进程序，使其更符合窗花绘制程序制作的要求。

（2）拓展。

① 搜索关于剪纸的文字、视频、论坛等信息，深入认识剪纸文化。

② 自选窗花花纹或者自己绘制花纹，如花瓣花纹、动物花纹、字体花纹、人物花纹等。

③ 窗花花纹可以根据需求实现数量上的变化，还可以通过另类方式绘制窗花，发挥你们的想象力和创造力吧。

五、课外阅读

窗花是贴在窗纸或窗户玻璃上的剪纸，是中国古老的汉族传统民间艺术之一。它历史悠久，风格独特，深受国内外人士的喜爱。窗花是农耕文化的特色艺术，农村的生活地理环境、农业生产特征以及社会的习俗方式，也使这种乡土艺术具有了鲜明的汉族民俗情趣和艺术特色。

过去无论是南方还是北方，春节期间都贴窗花。现在南方只在结婚时才贴，春节一般不贴了。而北方贴窗花还盛行，在河北丰宁，春节期间若谁家未贴窗花，人们就会猜测这个家庭是否出了事。窗花剪纸品种之一，是为烘托节日气氛，广大农村春节前在窗子上张贴的剪纸。窗花的样式一般比较自由，除了贴在四角的"角花"和折剪的"团花"之外，其外轮廓都没有什么限制。窗花的题材内容非常广泛，以戏曲故事数量较大。因窗花的购买者多为农民，窗花有相当的内容表现农民生活，如耕种、纺织、打鱼、牧羊、喂猪、养鸡等。窗花以其特有的概括和夸张手法将吉事祥物、美好愿望表现得淋漓尽致，将节日装点得红红火火、喜气洋洋。

自转与公转

一、课程背景

本项目是一个拓展性课程，要求学生在学习了人教版《地理》七年级上册第一章第二节《地球的运动》之后，从教材中的地球自转与公转等科学依据出发，综合运用编程猫Kitten软件中的旋转指令，设计和制作一个体现地球自转和公转的天体运动模型。

二、学习目标

1. 科学（S）

（1）了解因为地球自转与公转的综合作用，产生了昼夜交替和四季更替的现象。

（2）认识地球在绕地轴自转的同时绕太阳公转，地球赤道面与绕太阳公转轨道平面存在着近似23.5°的交角。

（3）认识地球自转方向为自西向东，公转方向为逆时针，从北极上空观察呈逆时针方向旋转，从南极上空观察呈顺时针方向旋转。

2. 技术（T）

掌握编程猫Kitten软件中当开始被点击指令、重复执行指令、旋转指令以及设置旋转模式指令的使用方法。

3. 工程（E）

（1）了解昼夜交替和四季更替对社会生产造成的影响。

（2）了解太阳能利用的地域特点。

4. 艺术（A）

认识美化地球运动模型的方法。

5. 数学（M）

（1）掌握顺时针和逆时针运动的区别。

（2）掌握合理设置旋转指令、角度参数的方法。

三、学习时长

建议1课时。

四、学习内容

1. 任务驱动

运用编程猫Kitten软件设计和制作一个体现地球自转和公转的天体运动模型。

2. 支架学习

阅读（资料）：

（1）科学。

① 地球公转。由于太阳对地球的引力作用，地球会围绕着太阳进行转动，称为"公转"。地球公转轨道上的每一点都在相同的平面上，这个平面就是地球轨道面，也称为"黄道面"。地球无论公转到什么位置，这个地轴和公转平面之间的倾角都是保持不变的。

② 地球自转。地球绕地轴自西向东转动，从北极点上空看呈逆时针旋转，从南极点上空看呈顺时针旋转。地球地轴与黄道面（也就是地球公转的轨道面）之间成66.34°夹角，与赤道面垂直，如图36所示。

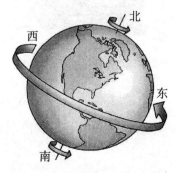

图36

地球自转方向与公转相同，都为自西向东。

（2）技术。

①"旋转（30）度"指令的使用方法如图37所示。

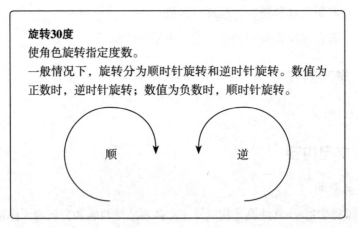

旋转30度

使角色旋转指定度数。

一般情况下，旋转分为顺时针旋转和逆时针旋转。数值为正数时，逆时针旋转；数值为负数时，顺时针旋转。

顺　　逆

图37

②中心点的定义。中心点是一个可以自由设定的点，可以设置在角色各个位置，不同位置会出现不同效果。角色可以围绕着这个中心进行旋转、缩放、对称等需要设定中心点的操作，如图38、图39所示。

图38

中心点的按钮图标: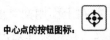

在编程猫画板上，可以点击改变角色中心点位置▼

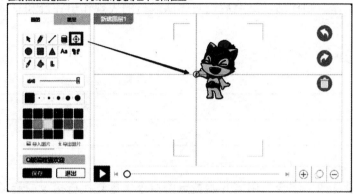

中心点

图39

③ 中心点的作用。第一个作用是中心点的位置就是角色坐标的位置，如果调整角色的坐标，角色的中心点就会移动到这个坐标点上。第二个作用是中心点与旋转有关。中心点是角色旋转的中心位置，我们可以通过改变中心点的位置，来实现想要的旋转效果。

讨论：如何运用编程猫Kitten软件中动作模块指令，使地球既能围绕太阳公转又能绕地轴自转？如何巧妙设置旋转指令的角度参数，使地球沿顺时针或逆时针方向旋转？

3. 设计制作

（1）选择合适的器材。

已安装编程猫Kitten软件的计算机、纸与笔。

（2）设计方案。

制作过程分哪几步？先用纸与笔绘制设计图，并在上面用文字阐明制作过程。为方便他人理解该作品的制作方案，请标明序号。然后打开编程猫Kitten软件，进行制作。制作活动结束后请对团队成员的表现作出评价和总结，并提出改进意见。

制作步骤：

_____

_____

_____

（3）制作。

结合设计图，综合运用当开始被点击指令、重复执行指令、旋转指令以及设置旋转模式指令制作作品。

4.测试评价

（1）测试。

打开编程猫Kitten软件，运行程序，测试地球是否成功按照设计图轨迹旋转。

（2）评价。

团队依据设定的标准检测和评估模型的性能，即程序是否正常运行，地球旋转轨迹是否符合科学依据。

5.优化拓展

（1）优化。

思考设计方案是否完善，需要全部重新设计还是部分重新设计。回顾每一步制作步骤是否都有必要保留或有哪些部分需要改进。（提示：指令运用是否恰当，指令参数是否恰当等）

（2）拓展。

① 地球在以23时56分4秒的周期绕地轴自转，同时以365.2422日的周期绕太阳公转，地球赤道面与绕太阳公转轨道平面存在着近似23.5°的交角（黄赤交角）。请结合地球绕地轴自转和绕太阳公转的周期以及黄赤交角的科学依据，修改设计方案和制作步骤，完善模型。

② 结合昼夜交替和四季交替对社会生产造成的影响以及太阳能利用的地域

特点，完善作品（如可加入相应文字介绍或背景图等）。

五、课外阅读

我们生活的每一天都有昼夜交替，每一年也有四季更替。那是因为地球不是静止的，它存在两种运动形式：一种是绕地轴自西向东自转，一种是围绕太阳公转。地球自转产生了昼夜更替现象，向着太阳的半球是白天，背着太阳的半球是黑夜。地球在公转轨道不同位置时，太阳直射点在地球表面的不同位置。地球上不同纬度地区接收到的太阳辐射的能量不同，同一地区一年中气温发生变化，因此有了地球上的四季更替。

地球在其公转轨道上的每一点都在相同的平面上，这个平面就是地球轨道面。地球轨道面在天球上表现为黄道面，同太阳周年视运动路线所在的平面在同一个平面上。地球的自转和公转是同时进行的，在天球上，自转表现为天轴和天赤道，公转表现为黄轴和黄道。天赤道在一个平面上，黄道在另外一个平面上，这两个同心的大圆所在的平面构成一个23° 26′的夹角，这个夹角叫作黄赤交角。黄赤交角的存在，实际上意味着，地球在绕太阳公转过程中，地轴对地球轨道面是倾斜的。由于地轴与天赤道平面是垂直的，地轴与地球轨道面交角应是90° −23° 26′，即66° 34′。地球无论公转到什么位置，这个倾角都是保持不变的。

投篮训练

一、课程背景

本项目是一个拓展性课程，要求学生在学习了信息技术学科广东教育出版社《乘Scratch号列车认识百年香洲》景观篇第十三节《韵味景色》和人教版《物理》八年级上册第六章第1节《质量》、八年级下册第七章第3节《重力》、八年级下册第八章第3节《摩擦力》以及人教版《体育》八年级篮球技术的内容之后，从教材中的相关内容出发，运用编程猫Kitten软件编制一个投篮技术训练辅助器。

二、学习目标

1. 科学（S）

理解物理中重力、质量、摩擦力的原理及其相互之间的影响。

2. 技术（T）

（1）掌握物理模块指令、克隆指令、判断比较大小指令、判断且或指令的使用方法。

（2）通过练习使学生更好地理解投篮技术，命中率稳步提高。

3. 工程（E）

理解利用物理重力、质量、摩擦力调整程序指令参数，完善投篮技术训练器的设计。

4. 艺术（A）

学会结合投篮训练美化投篮训练器的界面。

5. 数学（M）

学会分析判断比较大小指令、判断且或指令的关系，并应用到程序设计中。

三、学习时长

建议1~2课时。

四、学习内容

1. 任务驱动

请结合物理重力、质量和摩擦力的相互影响，从投篮的高度、角度和速度等方面考虑，利用编程猫Kitten软件编写程序制作一个提高命中率的投篮技术训练辅助器。

2. 支架学习

阅读（资料）：

（1）投篮技术要点。

① 瞄准点，指投篮时眼睛注视的目标，是提高投篮命中率的重要环节。由于投篮有直接命中和碰板命中两种，所以瞄准点也有两种。

直接命中的瞄准点：通常瞄准篮圈距自己最近的一点。这种方法瞄准的是实体目标，在场上任何位置投空心篮都适用。也有主张以篮圈中心为瞄准目标的，这个目标与球的落点一致，利于用力。

碰板投篮的瞄准点：指投篮时将球投向篮板，使球反弹入篮的一点。投篮队员位于与篮板成15°～45°角的区域内，采用碰板投篮效果较好，尤以接近30°角左右的位置最适宜。碰板投篮的瞄准点应根据投篮的角度、距离和弧度合理选择：一般规律是角度越小，距离越远，弧度越高，碰板点离篮圈越远、越高；反之，则越近越低。

② 抛物线，指投篮出手后，球在空中飞行的弧形轨迹。以中距离投篮为例，可归纳为低、中、高三种弧线。

低弧线：球的飞行路线较短，力量容易控制，但由于飞行路线低平，篮圈暴露在球下面的面积很小，不易投中。

中弧线：球飞行弧线的最高点大致与篮板的上沿在一条水平线上，球篮的大部分暴露在球的下面，是一种比较适宜的抛物线。

高弧线：球接近垂直下落，篮圈的面积几乎全部暴露在球的下面，球容易入篮，但球的飞行路线太长，不易控制，实际上会降低命中率。

上述投篮的抛物线只是原地投篮的一般规律。抛物线的高低还与投篮出手的角度和力量有关。实际运用中，应根据不同的距离、队员的身高、跳投跳起的高度、不同的投篮方式及防守干扰情况等采用不同的抛物线投篮。

（2）编程猫kitten软件运用的关键指令。

① 开启物理引擎指令。假如要用物理积木，要先开启物理引擎（在开启物理引擎之前，任何物理积木都没用）。开启了物理引擎，角色就有了：重力、质量、摩擦力等。如同在舞台里加了个地心引力，如果正下方没有任何角色，则会一直掉下去；如果有，则会被下面的角色接住。该指令巧妙使用物理引擎可以快速做出超级玛丽、彩虹桥等游戏。

② 允许倾倒指令。允许倾倒后，物体在往下掉的过程中会有倾倒效果，倾倒效果与下落的速度、角色的质量、角色的形状有关。一般质量越大，倾倒效果越明显。

③ 参与物理碰撞指令。该指令用于设定角色是否参与物理碰撞。参与物理碰撞，即正常开启物理引擎的效果。若角色不参与物理碰撞，则其他角色碰到该角色时不会产生物理碰撞效果。物理类积木对该角色皆不产生作用，即不受引力影响，无质量，不反弹，等等。

④ 设置反弹系数指令。利用该指令可轻松制作出弹力球碰撞反弹的效果，取值范围为0~1。

⑤ 设置质量指令。角色的默认质量由角色的大小决定，角色越大，默认质量越大。使用设置质量指令可设定角色的质量为特定值，取值范围为0~10000。

⑥ 设置力的大小方向指令。该指令用于设置角色某个时间点的受力情况。设置"力"和设置"速度"，虽然效果很相似，但是它们的物理意义是不同的。力更多的是改变物体这一瞬间的加速度，力产生的效果还和物体的质量相关。

⑦ 克隆指令。克隆指在游戏中复制出一个"空代码角色"（克隆体）。克隆的是当角色被克隆那一刻的状态，不同时刻克隆出来的是不同状态的克隆体（包括大小、角度、坐标、质量、形状、造型等，唯独没有任何脚本积木）。

讨论：①你了解投篮技术中的瞄准点、抛物线了吗？你会将它们运用到实际投篮中吗？②你了解编程猫Kitten软件中物理模块的指令了吗？你能用它编写一个程序吗？

3.设计制作

（1）选择合适的器材。

装有编程猫Kitten软件的计算机、纸与笔。

（2）设计方案。

制作过程分哪几步？先用纸与笔绘制投篮技术训练辅助器的界面设计图（图40），标注篮筐和篮球的起始位置。然后打开编程猫Kitten软件，添加背景和角色并编辑脚本。将具体的程序编辑步骤写下来（包括先添加哪些角色先实现哪些功能等）。团队内展示交流设计方案，互动评价方案的优劣，选择最合适的设计方案。

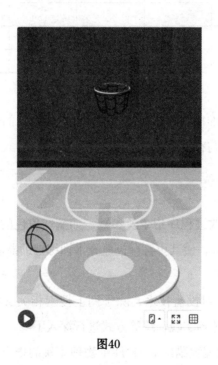

图40

制作步骤：

（3）制作。

根据设计方案，从投篮的瞄准点、抛物线、速度等方面考虑如何提高命中率，利用编程猫Kitten软件编写程序，结合物理重力、质量和摩擦力的影响，合理设置各指令的参数，制作一个锻炼提高命中率的投篮技术训练辅助器。

4. 测试评价

（1）测试。

运行程序，多次调整篮球起始位置和篮筐位置，并反复投篮测试投篮技术训练辅助器，将结果记录在表5中（如反弹力度偏大/偏小等）。

表5

测试次数	篮球位置	篮筐位置	速度（m/s）	反弹力度	篮球受力大小（N）	篮球受力方向
1						
2						
3						
4						

（2）评价。

① 依据设定的标准检测和评估投篮技术训练辅助器的性能。

② 将作品的优点与存在的不足记录下来。

5. 优化拓展

（1）优化。

根据评价意见，改进程序指令及参数，如篮球角色的反弹系数值、质量的值、力的大小及方向等，使其更符合投篮技术训练辅助器制作的要求。

（2）拓展。

① 为了更好地学习投篮技术，除了网上搜索相关文字、音频、视频教程外，还可以通过到篮球场实践训练等方式进行深入了解。

② 尝试综合应用编程猫Kitten软件中物理模块的指令，编写超级玛丽和彩虹桥等游戏，你能实现吗？

五、课外阅读

投篮技术动作包括两个方面：其一是投篮时的身体姿势，其二是持球手法。原地投篮时，要两脚前后自然开立，两膝微屈，上体稍前倾，重心落在两脚之间。这样，既便于投篮集中用力，也利于变换其他动作。移动中接球跳投、运球急停跳投或行进间投篮时，跨步接球与起跳动作既要连贯衔接，又要迅速制动，使身体重心尽快移到支撑面的中心点上，以保证垂直起跳。身体姿势正确就能保证身体重心移动与投篮出手的方向一致，就能保持身体平衡。控制身体平衡是保证出球方向准确的基本条件。

投篮时，无论是单手还是双手，持球时五指都应自然张开，掌心空出，用指根及指根以上部位触球，增大与球的接触面积，以保持球的稳定性，控制球的出手方向。

原地投篮是最基本的投篮方法，是行进间投篮和跳起投篮的基础。原地投篮易于保持身体平衡，便于全身协调用力，比较容易掌握，一般在中、远距离投篮和罚球时运用较多。

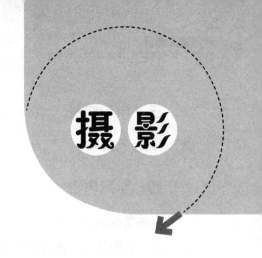

光绘摄影——车灯流影

一、课程背景

光绘摄影是有趣的摄影类型，在摄影课程学习中也作为快门的学习内容，夜景车灯流影在艺术形式上更有表现价值。

二、学习目标

1. 科学（S）

理解光在影像中的成像方式，通过曝光时长形成运动轨迹。

2. 技术（T）

学会控制相机的曝光时间，构成亮度适中的画面。

3. 工程（E）

了解相机快门的打开与闭合之间的机械运动，之间的时间即为曝光时长。

4. 艺术（A）

学会利用灯光构成画面的点线，利用适合的构图创作画面。

5. 数学（M）

了解计算曝光时长的基本方法。

三、学习时长

建议1.5课时。

四、学习内容

1. 任务驱动

每当太阳落下，夜幕降临时，马路上的灯光亮起，川流不息的车流带着车灯在城市中穿行，繁华都市的夜色缤纷灿烂，各色各样的灯光汇集成了一幅幅绚烂的图画，而留住这些画面的最佳方式就是摄影。

你知道怎样把灯光轨迹留在画面里吗？你能拍摄一张车灯流影的摄影作品吗？

在完成任务前，我们需要先了解与掌握的几点：①光绘摄影是怎么形成的？曝光时间的长短对灯光轨迹的影响与关系是怎样的？②相机中的光圈、快门、ISO值分别如何调整？③如何做到合理构图拍摄？

2. 支架学习

阅读（资料）：

光绘摄影的诞生与要素

光绘摄影的历史可以追溯到1914年，弗兰克·吉尔布雷斯（Frank Gilbreth）同他的妻子莫·吉尔布雷斯（Moler Gibreth）用小灯泡和一台长时间开启快门的相机来追踪文员和工人的运动轨迹。吉尔布雷斯夫妇拍这些照片并非艺术创作，只是在做一项被他们称之为"工作简化法"的研究。吉尔布雷斯夫妇想要从中找到让员工提高产能和简化工作的方法。就这样，他们拍出了史上第一张光绘摄影照片，而第一位探索光绘摄影技术的艺术家，则是曼·雷（Man Ray）。他是一名画家，对于光绘摄影的贡献来于他的《空间写作》系列。1935年，曼·雷用相机为自己拍了一张自画像。他摁住相机的快门，用一支光笔在空中画下了一连串圆圈和线条。这些随意画下的圆圈和线条一直被认为是随意画下的涂鸦，直到2009年，一位名叫埃伦瑞（Ellencarey）的摄影师，将这些照片放在一面镜子的面前才发现，这些随意画下的光线涂鸦事实上是曼·雷的亲笔签名。

1949年，著名画家巴勃罗·毕加索也曾配合光绘画家焦尼·米利完成过一组光绘摄影作品，这些作品中最著名的就是那张《毕加索画半人马》。

讨论：光绘摄影最重要的两个要素应该是什么？如果要记录更长的光轨迹，应该相应地改变哪个要素？

探究：相机中的光圈、快门、ISO如图1所示。

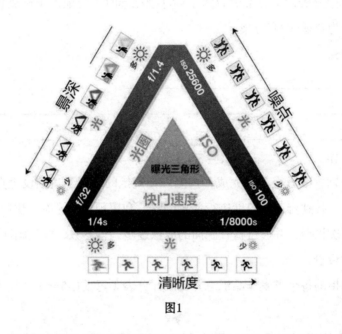

图1

通过图片与网站学习，了解光圈、快门、ISO三要素对成像有哪些影响？在相机说明书中翻查，当相机设置成全手动M模式时，光圈对成像有何影响？如何调节？快门对成像有何影响？如何调节？ISO对成像有何影响？如何调节？

讨论：拍摄夜景时，为保证更好的画质，需要调成较低的ISO值与较小的光圈，因此快门速度应如何调整才能保证画面充足曝光？

3.设计制作

（1）选择合适的器材。

单反相机或具备全手动挡的相机一台、三脚架。

（2）设计方案。

根据拍摄车灯流影的效果要求，设计出5~6套方案，并记录下来，见表1。

表1

时间	地点	取景构图	光圈、快门、ISO值

　　小组讨论分析，主要考虑时间（路灯刚亮起时）与地点（车流较密集），并筛选出较为合适的3套方案。

　　制作步骤：

_____

_____

　　（3）制作。

　　小组分别领取方案各自完成，按照方案规定的时间到达预设地点，架好三脚架与相机，找到合适的角度进行取景构图，利用预设的光圈、快门、ISO值进行拍摄，多次拍摄，并通过检查画面的成像逐步调整参数、校正画面。

　　4. 测试评价

　　将所拍摄的每个方案作品汇总并完成评分表（每项1~5分），见表2。

表2

方案	构图（画面美观）	曝光（画面亮度）	车灯流影（灯光线条长度）
1			
2			
3			

　　最终得分最高的方案则可作为本项目的结果。

　　5. 优化拓展

　　（1）优化。

　　将最高分方案的分项较低的方面再次进行优化，尽可能让拍摄出的画面更加美观。

（2）拓展。

在车灯光绘摄影中，往往会出现对焦错误的操作，因为夜景拍摄机位与取景都是固定不动的，为了确保对焦更加准确，我们可以通过手动对焦完成提前对焦工作。

讨论：手动对焦应对什么位置对焦？

浅景深背景虚化拍摄

一、课程背景

摄影是一门用光的艺术，而用多少光或需要多少光，需要通过了解光圈来配合运用，常见的背景景深更是与光圈密切结合。

二、学习目标

1. 科学（S）

了解光圈大小与焦内、焦外成像的景深关系。

2. 技术（T）

掌握光圈大小的调整与使用方法。

3. 工程（E）

了解光圈在镜头中的叶片机械构造，形成大小可控的设置。

4. 艺术（A）

运用光圈大小控制景深，对摄影成像中背景虚实效果进行搭配，体现主题。

5. 数学（M）

了解光圈数值与实际光圈大小成反比。

三、学习时长

建议1.5课时。

四、学习内容

1. 任务驱动

摄影在记录美好时刻的同时，也为原本平平无奇的画面，通过硬件的巧妙运用，呈现出特别的艺术效果。人们常说的背景虚化也是最常做的艺术手法之一，它又被称为景深。

任务：拍摄浅景深虚化照片前，我们需要了解景深的深浅与虚化的关系，见表3。

表3

景深	背景（虚实）
深	
浅	

2. 支架学习

阅读（资料）：

景深的那些事

景深顾名思义就是画面取景的深度，我们在拍摄时对焦完成后，则代表在对焦点的位置上成像是最清晰的。而对焦点前后都是模糊的情况，我们称之为浅景深，浅景深常常是在前景与背景杂乱的情况下，为了突出主体物而使用的方案。根据画面的需求，可以调整景深的深浅，是前景与背景，也同时清晰成像。

因此，景深对于拍摄效果的作用主要有两个：

（1）景深越浅，主题前后虚化程度越高。

（2）景深越深，主题前后清晰程度越高。

那么，景深范围该如何控制呢？这就要说到景深三要素：光圈、拍摄距离和焦距。

光圈是一个处在相机镜头中的可控装置，通过一定数量的叶片环绕组成，中间开孔即可调控光圈，作用在于决定镜头的进光量。在快门不变的情况下：F后面的数值越小，光圈越大，进光量越多，画面越亮，焦平面越窄，主体背景虚化越大；F后面的数值越大，光圈越小，进光量越少，画面越暗，焦平面越宽，主体前后越清晰。如图2所示。

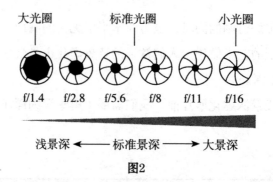

图2

讨论：拍摄距离与焦距同样可以影响景深效果，那它们的关系又是怎样的？可以通过固定的拍摄参数——光圈、快门、ISO值，只改变拍摄距离与焦距，进行测试，见表4。

表4

景深	拍摄距离	焦距
浅（虚）		
深（实）		

3. 设计制作

利用自由的器材拍摄出景深最浅的画面。

（1）选择合适的器材。

单反相机或可调整光圈的相机一台。

（2）设计方案。

使用相机的光圈优先挡（A或AV挡）进行拍摄，选择一处光线合适的场景，避免有强光直射，场景中除了主体以外还需要有适当的前景与背景，拍摄人物特写或景物，拍摄时注意合理构图。

制作步骤：

（3）制作。

在符合方案设计要求的前提下，完成表5与拍摄。（在括号内填写实际操作的参数）。

表5

镜头可否拆卸	最大焦距	镜头最大光圈F		
是/否	mm	F		
焦距	光圈F	光圈F	光圈F	光圈F
（　　）最大	（F）最大	（F）最大缩小一挡	（F）最大缩小两挡	
（　　）最小	（F）最大	（F）最大缩小一挡	（F）最大缩小两挡	

4. 测试评价

将所有拍摄作品进行对比，将景深最浅的与主体物成像最清晰的作品记录下光圈值（表6），检查这两幅作品的光圈值有何区别，光圈的选择是否越大越好。

表6

	景深最浅（虚化）	主体成像最清晰
光圈值F	F	F

5. 优化拓展

（1）优化。

结合测试评价结果，选择最佳的参数，再次进行拍摄创作。

（2）拓展。

得知浅景深的拍摄方法，那如何进行深景深拍摄？

①深景深应如何拍摄？

②深景深适合什么样的题材？

五、课外阅读

景深运用往往在电影拍摄中最为常见，因情绪与场景的交代，在突出人物特点时常常会使用大光圈来制作浅景深效果，而在场景的拍摄上常常会利用小光圈来呈现更清晰的深景深场景。

错位摄影——四两拨千斤

一、课程背景

摄影是一门有趣的视觉艺术，在画面中除了光影外，还能表现出特别的透视效果，四两拨千斤则是利用透视的错位效果，轻而易举地做出夸张的视觉效果。

二、学习目标

1. 科学（S）

掌握透视的视觉科学原理，近大远小的效果运用。

2. 技术（T）

了解曝光中光圈合理运用的方法。

3. 工程（E）

了解在现实生活中，从力学角度上分析，物体能否徒手搬动。

4. 艺术（A）

尝试创作视觉创意拍摄作品。

5. 数学（M）

掌握拍摄距离的运用。

三、学习时长

建议1.5课时。

四、学习内容

1. 任务驱动

我们都知道绝大部分的人身体力量都是有限的，而人们都会有过想做大力士的幻想，虽然无法在现实生活中实现，但我们可以通过错位摄影的画面完成这个四两拨千斤的愿望，如一根手指推动一辆汽车，两指一捏提起一栋楼房。

任务：想要做出错位摄影中四两拨千斤的效果，我们先要解决以下问题：

（1）如何让原本体积大小差距甚远的两个物体变成一样大？

（2）如何保证画面中前后距离较远的两个物体都清晰地呈现在画面中？

2. 支架学习

阅读（资料）：

国外一名设计师Mamoizelle创作了一张关于错位摄影的教程图，把错位摄影的技巧尽情展示开来。错位摄影虽然名字有点难以理解，但可以肯定大家都看过类似的图片，就是利用巧妙的角度抓拍下令人咂舌的照片，我们也深入研究一下这样的错位摄影作品是如何创作的。

讨论：设计师是如何做到画面中人物与背景建筑大小相当的？运用了什么科学原理？

3. 设计制作

利用错位摄影的方法拍摄四两拨千斤的效果——将一栋楼房用手轻松提起。

（1）选择合适的器材。

单反相机（或可调光圈相机）一台、三脚架一个。

（2）设计方案。

选择一栋楼房作为拍摄对象，并分别由组内同学发挥各自的想象，找到合适的拍摄地点。同时拍摄时注意光圈大小的选择，分别记录下从大光圈到小光圈的拍摄数据，并注意构图与曝光的合理性。（利用光圈优先A/AV挡位拍摄）

制作步骤：

（3）制作。

同学们分别对各个设定地点进行拍摄，并对拍摄作品按照拍摄地点进行分类汇集。

4. 测试评价

（1）测试评价。

将所拍作品进行展示，如图3所示，再由同学们对作品进行评价，并完成表7。

图3

表7

拍摄地点 （离楼房距离）（m）	光圈F	手与楼房是否都清晰
约10		
约100		
约300		

（2）讨论总结。

小组内同学讨论在合适的角度下，距离是否能决定大的建筑融入画面并且用手捏住提起？光圈的大小影响了画面前后的清晰度，那应该如何使画面前后都清晰呢?

5. 优化拓展

（1）优化。

通过测试与评价，确定离楼房最合适的拍摄距离，且确定合适的光圈值。调整构图与曝光，选择新的建筑再次进行拍摄。

（2）拓展。

利用同样的方法我们还可以拍出不同的错位摄影，如手指推大货车，手掌托起楼房等效果。同样，我们还可以做更多的错位摄影效果，希望同学们发挥自己的想象。

五、课外阅读

大家熟悉的微信开启画面（图4），很多人都认为这是一张电脑制作图片，而事实上它背后的地球不是一个电子地图，而是一张真实的照片——1972年12月7日由阿波罗17号太空船船员拍摄的地球照片。民间给它的名字叫"蓝色弹珠"。站在宇航员的角度，于45000km之外看过去，地球就像是一颗很小的蓝色弹珠，这就是这张照片名字的由来。

图4

复制人制作拍摄

一、课程背景

现代科技的发展为影像后期带来了新的创作，摄影艺术也不再是以往的单一复杂曝光模式，还可以通过简单的电脑制作，带来不一样的摄影作品。

二、学习目标

1. 科学（S）

掌握单次曝光成像要素，依据光的照射成像。

2. 技术（T）

掌握Photoshop软件后期合成图片的图层运用。

3. 艺术（A）

掌握人像摄影中的基本构图方法。

4. 数学（M）

通过同位置的两张图片精确重叠完成后期制作。

三、学习时长

建议1.5课时。

四、学习内容

1. 任务驱动

复制人在摄影中是一个比较有趣的创作题材，因为成像往往需要做到双重曝光，而这类操作则需要有较为丰富的经验才能做到精准定位。电脑软件可以让我们不再需要双重曝光，并且能很好地完成复制人的拍摄与制作。

2. 支架学习

阅读（资料）：

在胶片相机时代，摄影师们想把两个内容放在同一个画面中，可以通过双重曝光的方式使胶片上留下两个影像，它们叠加在一起会产生虚幻的效果。进入数码时代以后，想要做出更好的双重曝光效果则是通过使用电脑后期软件制作合成的。但双重曝光并不能得到两个清晰的图像，因此我们想要拍摄并制作出两个复制人，最好的方法就是通过电脑软件的配合。

讨论：①在画面中出现两个复制人，背景是否不变？②如何运用Photoshop中的图层进行后期制作？

3. 设计制作

在同一个场景（背景）中，拍摄同一个人物并出现在画面的两个位置，如图5所示。

图5

（1）选择合适的器材。

相机或手机、三脚架（可选）、电脑Photoshop软件。

（2）设计方案。

选择合适的背景、时间，将相机固定位置，并将人在画面中的位置设定好，拍摄两张不同站位的照片，后期再进行合成，见表8。

表8

地点	室内/室外	灯光/自然光

制作步骤：

_____

_____

_____

（3）制作。

各自拍摄完后用Photoshop软件进行后期合成：将两张同一背景的人物照片堆叠在同一文件中，并通过网络学习Photoshop中对上图层使用橡皮擦工具，擦除上图层不要的部分，来呈现出同一个背景出现两个复制人的效果。

4. 测试评价

（1）测试。

在最终完成的作品中，将效果最好的与效果最不满意的进行对比，反差写在表格中，是否与室内外、灯光与自然光相关联？它们的关系是什么？为什么会有这样的关系？

（2）评价。

由此可见，我们要做出最好的复制人效果，应尽量选择怎样的场景，什么类型的灯光？

5. 优化拓展

（1）优化。

最后利用同一场景，选择正确的灯光做最好效果的创作。

（2）拓展。

利用同样的原理，我们可以拍摄出3个复制人，甚至更多的复制人，你不妨尝试一下拍摄出一个球队而球员都是自己的效果。